AF401967

SOLFÉGE NATIONAL

OU

COURS ÉLÉMENTAIRE

DE

MUSIQUE VOCALE

PAR

P. GUERRE

Auteur de l'INTONATION MUSICALE, ou l'*Étude des Dièses et des Bémols réduite à sa plus simple expression,* et du SYLLABAIRE DES FAMILLES

DEUXIÈME PARTIE

Recueil composé de 977 Mélodies nationales, dans tous les Tons majeurs et mineurs, classées dans chaque Ton par ordre de difficultés de rhythme et d'intonation

TOUTE TRADUCTION OU REPRODUCTION EST INTERDITE

A PARIS

CHEZ L'AUTEUR, RUE TAITBOUT, 81

ET CHEZ COLOMBIER, ÉDITEUR DE MUSIQUE

RUE VIVIENNE, 6, AU COIN DU PASSAGE VIVIENNE

1856

MUSIQUE TYPOGRAPHIQUE

DE TANTENSTEIN ET CORDEL

92, rue de la Harpe.

PARIS. — IMP. SIMON RAÇON ET COMP., RUE D'ERFURTH, 1.

AVERTISSEMENT.

La classification des airs de ce Recueil est faite d'après le système particulier d'enseignement développé dans la partie élémentaire du *Solfége national*.

Toutefois, ces airs, ainsi classés, sont un véritable *Manuel de Lecture musicale* au moyen duquel toutes les personnes qui étudient ou ont étudié la musique d'après une méthode quelconque peuvent faire l'application de leurs connaissances acquises. C'est pourquoi l'auteur les a séparés de la partie élémentaire du *Solfége*, et en a fait un ouvrage dont le but est surtout d'instruire en amusant.

La monotonie des leçons de solfége est proverbiale ; les jeunes gens doivent trouver, nous le croyons, une utile distraction dans la lecture des airs de cette collection graduée qui leur offre, sous une forme nouvelle et attrayante, les moyens de se rendre familières les difficultés de la musique.

Dans cette nombreuse collection, on retrouve avec plaisir, mêlés aux productions modernes, ces vieux airs dont le cachet original a été conservé par la tradition populaire. Ils sont en partie placés au commencement de l'ouvrage, parce qu'ils contiennent peu de difficultés. Cette place semble aussi leur appartenir par droit d'ancienneté. A leur suite viennent, comme pour marquer les progrès de l'art musical en France, les mélodies dues au génie des Gluck, Mozart, Méhul, Grétry, Gaveaux, Della Maria, Doche, etc.

Après avoir été un objet d'étude, ces airs pourront ensuite recevoir de fréquentes applications, la plupart ayant été employés par nos poëtes les plus estimés. En effet, ce Recueil contiendra tous les airs primitivement adoptés par les Pannard, Favart, Désaugiers, Béranger, etc., comme les mieux appropriés au caractère de leurs poésies.

On ne confondra pas ce Recueil avec celui de la *Clé du Caveau*. Ce dernier ouvrage est une simple collection d'airs placés à la suite les uns des autres sans aucune méthode ; l'auteur n'ayant pas eu pour but de créer un ouvrage utile à l'enseignement. Dans le *Solfége national*, au contraire, non-seulement les airs sont classés par ordre de difficulté et d'étendue dans chaque Ton et dans chaque mode, mais encore léur notation est présentée sous la forme la plus simple et la plus claire de l'écriture musicale afin que les personnes qui les étudieront puissent acquérir les notions les plus précises sur la division du temps et de la mesure, ce qui est le meilleur moyen de développer en elles un sentiment véritable du rhythme.

Beaucoup de personnes auraient désiré les paroles sous la musique des airs. Plusieurs motifs s'y opposaient. D'abord ce livre étant surtout destiné à la jeunesse, il y aurait eu peut-être plus d'inconvénient à la présence des paroles qu'à leur absence. Ensuite, cette addition aurait rendu l'ouvrage plus volumineux et par conséquent plus coûteux, sans aucun avantage bien évident.

Les paroles des airs se trouvent dans un grand nombre de recueils, et pourraient être l'objet d'une publication spéciale. Il est facile d'appliquer un air aux paroles en se conformant ici à cette règle que toutes les notes qui ne sont pas liées entre elles, au moyen de la courbe ⌣, représentent une syllabe; s'il arrive parfois que cette correspondance ne soit pas parfaite, cela vient de ce que les divers couplets d'une chanson ou d'une romance n'ont pas toujours une forme identique à celle du premier sur lequel on a fait la musique. Dans ce cas, on peut quelquefois ajouter ou supprimer une note ou en changer la durée, etc.; les points de repos de l'air sont d'un utile secours pour guider dans ces rectifications.

Ce Recueil sera divisé en trois parties qui formeront autant d'ouvrages distincts:

La première contient des airs gradués dans tous les Tons majeurs et mineurs avec les modulations les plus usitées.

La deuxième contiendra plusieurs autres séries d'airs dans tous les Tons avec des modulations plus avancées.

Enfin, la troisième offrira une collection complémentaire des deux premières, c'est-à-dire des airs dans tous les genres.

A la suite de ces trois collections, on trouvera une liste des airs par ordre numérique, avec le nom des auteurs et des ouvrages d'où ils sont extraits.

La troisième partie sera, en outre, suivie d'une table alphabétique des titres ou timbres de tous les airs du Recueil.

Nous terminerons cet exposé en faisant observer que dans les petits airs *transposés* que nous donnons écrits dans le Ton d'*ut*, un grand nombre, bien que ne dépassant pas les limites d'autres airs *non transposés*, ne pourraient être chantés sans fatigue d'après le son exigé par le diapason. Comme il s'agit ici de *Lecture musicale* sans accompagnement, nous engageons le lecteur à abaisser, ou, selon le cas, à élever la tonalité de manière à solfier dans le médium de la voix autant que possible, afin de ne pas se fatiguer sans utilité. Cela est d'autant plus facile que nous avons eu soin d'indiquer l'étendue de chaque air avant la clé. Chacun peut donc de suite calculer, selon la nature de sa voix, le son qu'il doit prendre pour point de départ. Cette observation s'applique, on le conçoit, à tous les airs.

Enfin, le soin que nous avons pris de classer dans chaque série les airs suivant leur étendue, permettra de reconnaître de suite ceux qui, dépassant les limites de la voix, doivent être laissés de côté. Ceci suffira pour faire comprendre qu'il n'est pas nécessaire d'avoir épuisé les airs d'une série avant de passer à la suivante. C'est au professeur ou au lecteur d'apprécier le degré d'assurance acquis dans l'expression des difficultés d'une série, afin de n'en pas attaquer de nouvelles sans être maître des précédentes.

La bienveillance avec laquelle le public accueille depuis long-temps les ouvrages qui tendent à populariser la musique, nous fait espérer qu'il n'accueillera pas moins favorablement ce Recueil dans lequel nous avons mis tous nos soins à réunir l'agréable à l'utile.

LECTURE MUSICALE PRATIQUE.

PREMIÈRE PARTIE.

Les numéros de séries des 300 premiers airs de ce Recueil correspondent à ceux des chapitres des deux premiers livres de la partie élémentaire. — Ces airs étant destinés à l'exercice de la lecture à livre ouvert, avant d'en commencer l'étude, on devra s'être rendu maître d'une grande partie des deux premiers chapitres de l'*Intonation* et du *Rhythme*.

Beaucoup de ces airs sont écrits à deux temps; mais on peut commencer à les déchiffrer comme s'ils étaient à quatre temps, les signes de ces deux mesures étant les mêmes; plus tard on pourra les lire de nouveau à deux temps.

Dans cette première lecture, on ne se préoccupera pas non plus des notes d'agrément ni de l'indication métronomique; celle-ci, au surplus, nous l'avons dit, n'est qu'approximative.

Pour donner le plus grand nombre possible d'airs en *ut* majeur, nous avons dû en transposer beaucoup, primitivement écrits dans un autre Ton. Nous avons eu soin d'indiquer le Ton primitif des airs transposés au-dessous de leur numéro d'ordre.

Enfin la lettre placée au-dessous de ces indications renvoie à la série de la liste alphabétique des timbres des airs du *Solfége*.

Ce signe, placé au commencement de chaque air, en donne les limites au grave et à l'aigu, afin que, dans la lecture individuelle, chaque voix puisse chanter dans son diapason sans s'inquiéter du son absolu (nº 93).

UT, MODE MAJEUR.

1ʳᵉ ET 2ᵉ SÉRIES.

SYSTÈME BINAIRE. — INTONATIONS D'UNE OU PLUSIEURS UNITÉS DE DURÉE.

Faire une lecture rhythmique de chaque air; chanter ensuite l'Intonation sans se préoccuper de la durée, et enfin solfier en battant la mesure.

4.
la.
V
5.
sol.
B
6.
sol.
D
7.
V
8.
fa.
T
9.
ré.
L
10.
M
11.
C

12.
sol.
N
♩ = 100.

13.
C
♩ = 100.

14.
la.
J
♩ = 300.

15.
sol.
L
♩ = 40.

16.
sol.
D
♩ = 300.

17.
L
♩ = 200.

18.
U
♩ = 100.
tr
tr

19.
mi b.
V
♩ = 200.

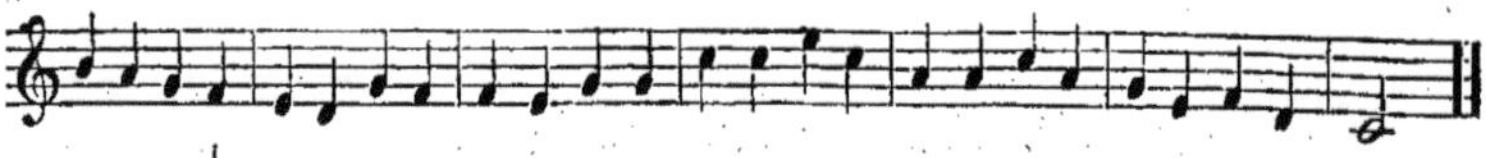

20. si ♭. A

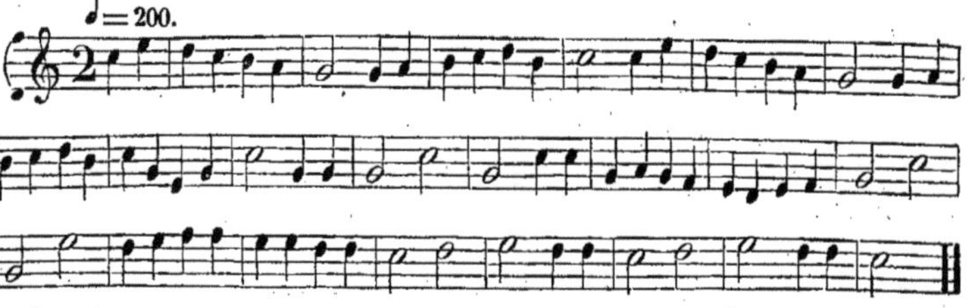

21. ré. T

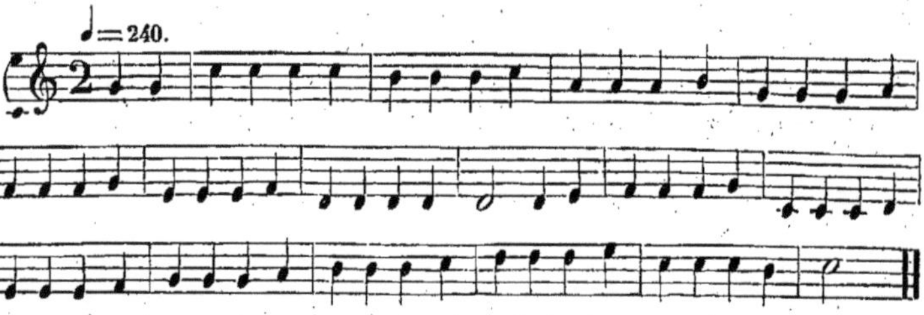

22. ré. N

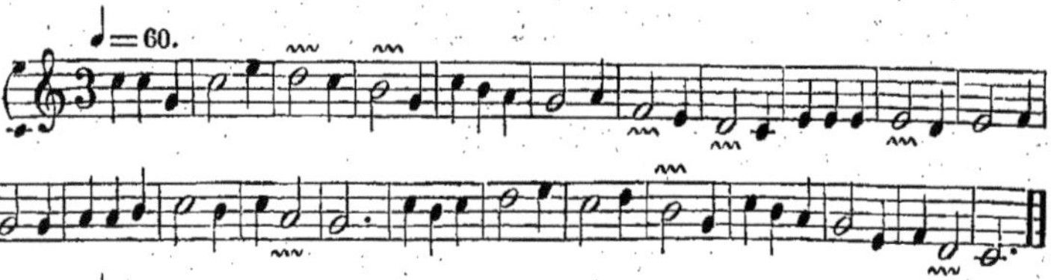

23. C

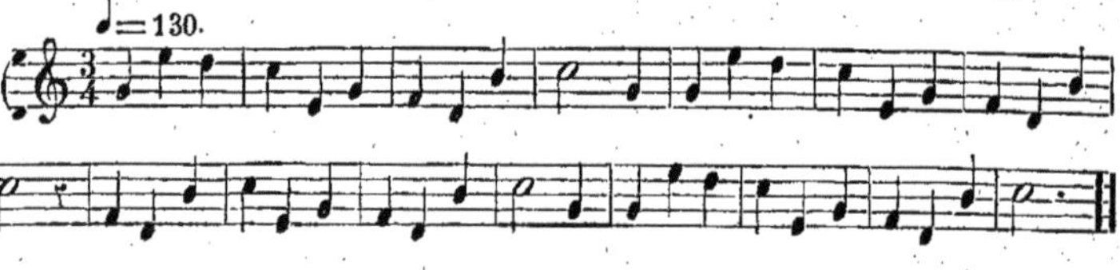

3e SÉRIE.

RHYTHME BINAIRE A UN TRAIT.

Dans cette série, ainsi que dans toutes les autres, chacune des notes qui ne sont pas réunies par la courbe de liaison ‿ représente une syllabe; et toutes les notes placées sous cette courbe correspondent à une seule syllabe.

24. sol. L

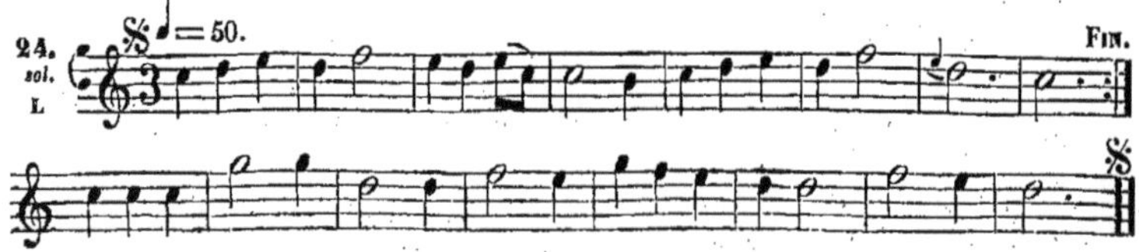

25.
sol.
V
♩ = 100.

26.
sol.
V
♩ = 50.
FIN.

27.
L
♩ = 100.
FIN.

28.
R
♩ = 100.

29.
R
♩ = 80.

30.
sol.
E
♩ = 50.
tr

31.
ré.
D
♩ = 120.
FIN.
2

32.
sol.
J
♩=120.
2/4
33.
sol.
Q
♩=120.
Fin.
34.
la.
P
♩=120.
2
35.
sol.
V
♩=100.
3
36.
G
♩=120.
2
37.
P
♩=120.
C
Fin.
38.
S
♩=120.
2

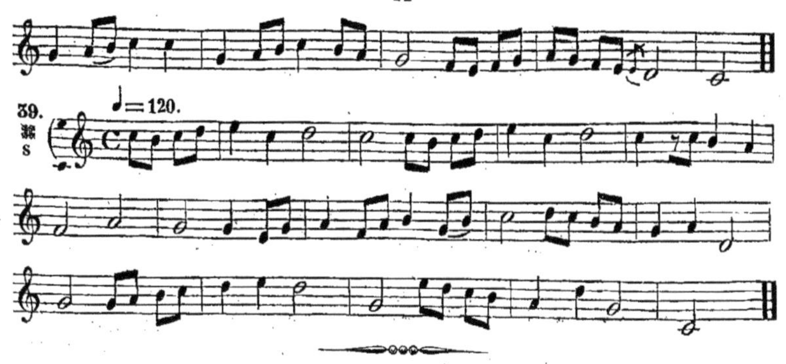

39.
S

♩ = 120.

4e SÉRIE.

RHYTHME BINAIRE A UN TRAIT. — POINT DE PROLONGATION.

40.
fa,
A

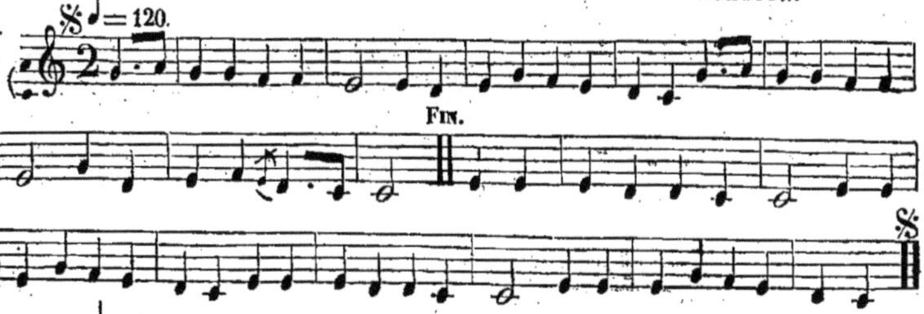
♩ = 120.
Fin.

41.
sol.
P

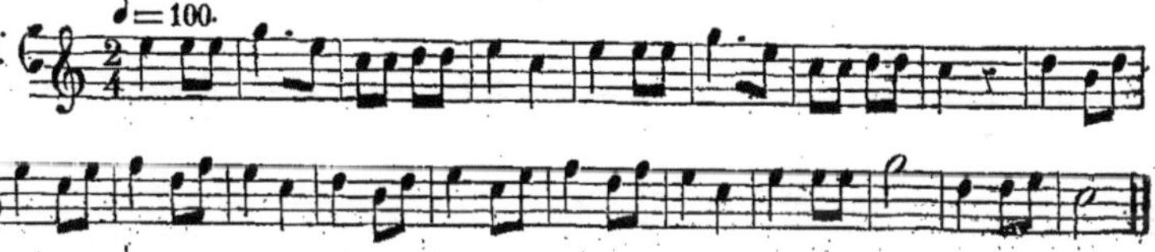
♩ = 100.

42.
fa:
T

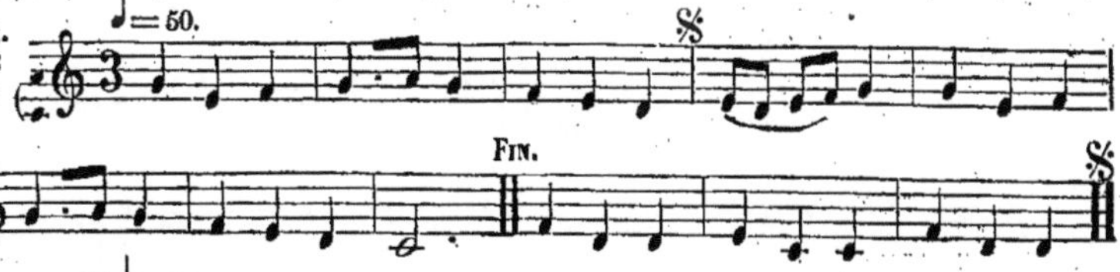
♩ = 50.
Fin.

43.

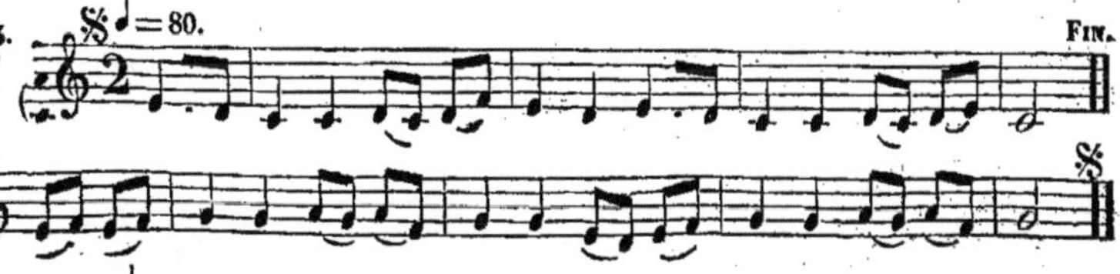
♩ = 80.
Fin.

44.
sol.
L

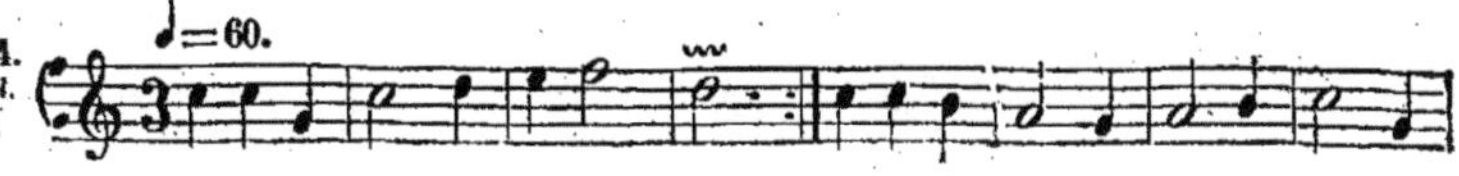
♩ = 60.

44.
sol.
E
♩= 100.
45.
46.
A
♩= 60.
47.
A
♩= 120.
tr
48.
D
♩= 80.
49.
sol.
V
♩= 30.
FIN.
50.
la.
T
♩= 120.
51.
si b.
M
♩= 120.

tr
60.
sol.
♩=40.
61.
sol.
L
♩=100.
62.
mib.
P
♩=50.
63.
fa.
F
♩=100.
64.
ré.
N
♩=100.
65.
si♭
D
♩=60.

5ᵉ SÉRIE.

RHYTHME TERNAIRE A UN TRAIT.

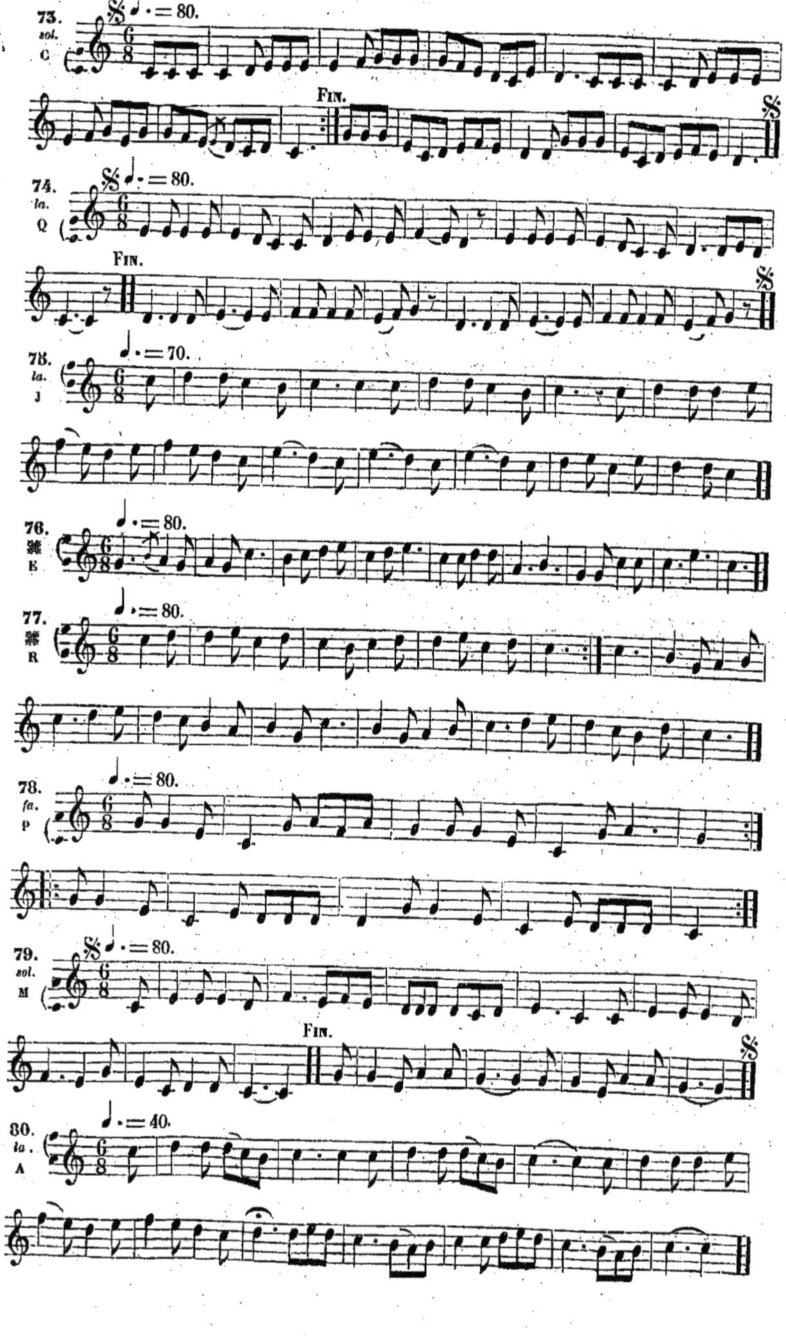

73.
sol.
C
FIN.
74.
la.
Q
FIN.
75.
la.
J
76.
E
77.
R
78.
fa.
P
79.
sol.
M
FIN.
80.
la.
A

81.
sol.
C
♩.=80.
82.
sol.
M
♩.=70.
83.
sol.
L
♩.=80.
84.
sol.
S
♩.=80.
Fin.
85.
sol.
A
♩.=80.
86.
sol.
C
♩.=80.
Fin.
87.
sol.
N
♩.=70.

FIN.
88. V ♩.=80.
89. C ♩.=80.
90. I ♩.=60.
91. sol. O ♩.=60.
92. sol. N ♩.=80.
93. L ♩.=70.
94. sol. L ♩.=80.

95.
sol.
S
♩.=80.
96.
sol.
P
♩.=80.
97.

Z
♩.=70.
FIN.
98.
sol.
O
♩.=60.
FIN.
99.
rd.
P
♩.=70.
FIN.
100.
la.
L
♩.=80.
FIN.
101.

D
♩.=80.
tr
102.
la.
L
♩.=80.

103.
sol.
S
FIN.
104.
lu.
F
105.
sol.
A
FIN.
106.
V
107.
sol.
L
108.
sol.
M
109.
fut.
L
FIN.
110.
fa.
G

111.
fa.
V
112.
U
113.
sol.
I
114.
sol.
U
115.
la,
T
116.
sol.
C
117.
sol.
C

118.
FIN.
119.
FIN.
120.
121.
FIN.
122.
123.
124.
FIN.

6ᵉ SÉRIE.

RHYTHME BINAIRE. — A DEUX TRAITS.

132.
sol.
V
♩=50.
133.
P
♩=80.
134.
la.
O
♩=80.
135.
L
♩=70.
136.
sol.
E
♩=80.
137.
sol.
V
♩=80.
FIN.
138.
sol.
A
♩=80.
FIN.

139.
sol.
V
FIN.
140.
sol.
B
141.
sol.
O
FIN.
142.
fu.
A
143.
in.
A
FIN.
144.
la.
P
FIN.
145.
M.
L
146.
si b.
A

147.
148. Fin.
149.
150. Fin.
151.
152. Fin.
153.

SUITE DE LA 6ᵉ SÉRIE.

RHYTHME BINAIRE. — A DEUX TRAITS AVEC POINT DE PROLONGATION.

161. ♩ = 70. Fin.

162. ♩ = 40.

163. ♩ = 70.

164. ♩ = 70.

165. ♩ = 70.

166. ♩ = 50.

167. ♩ = 60.

168. ♩ = 60.

169.
A
♩=60.
170.
O
♩=60.
171.
si b.
A
♩=75.
172.
sol.
B
♩=80.
173.
si.
B
♩=80.
174.
ri.
A
♩=50.
C
175.
sol.
C
♩=75.
tr
176.
la.
T
♩=60.

177.
si b.
S
♩ = 50.
tr
tr
178.
A
♩ = 80.
179.
sol.
B
♩ = 60.
180.
ré.
A
♩ = 70.
181.
sol.
J
♩ = 40.
182.
la.
J
♩ = 50.
183.
sol.
D
♩ = 70.

184.
♩=80.
185.
sol.
♩=60.
186.
sol.
♩=60.
tr
187.
♩=70.
188.
la.
♩=40.
189.
ré.
♩=70.
190.
ré.
♩=80.

191.
mf p.
A
= 60.
192.
mf p.
A
= 60.
193.
A
= 70.
194.
A
= 60.
195.
A
= 60.
196.
ré.
O
= 50.
197.
A
= 60.

7e SÉRIE.

RHYTHME TERNAIRE. — A DEUX TRAITS.

205.
sol.
A
♩.=50.
206.
si b.
A
♩.=50.
207.
ré.
J.
♩.=50.
208.
A
♩.=50.
209.
la.
N
♩.=50.
210.
C
♩.=60.
211.
si b.
J
♩.=60.
212.
sol.
T
♩.=50.

213.
ré.
I
♩. = 60.
Fin.
214.
M
♩. = 60.
215.
si♭.
U
♩. = 30.
216.
sol.
M
♩. = 30.
217.
si♭.
T
♩. = 60.
218.
sol.
A
♩. = 50.
219.
fa.
K
♩. = 40.
Fin.
220.
Q
♩. = 60.

SUITE DE LA 7ᵉ SÉRIE.

MÉLANGE DES DEUX RHYTHMES, SYNCOPES, ETC.

226.
S
♩.=30.
227.
sol.
Q
♩.=140.
228.
sol.
C
♩.=60.
tr
229.
fa.
Q
♩.=120.
230.
J
♩.=40.
231.
si♭.
A
♩.=70.

232.
D
235.
O
234.
L
235.
la,
A
236.
la,
N
237.
L
Fin.

LA, MODE MINEUR.

1re et 2e SÉRIES.

RHYTHME BINAIRE. — AIRS SANS NOTE SENSIBLE.

3e SÉRIE.

RHYTHME BINAIRE — AIRS AVEC NOTE SENSIBLE.

246.
C
♩ = 40.

4e SÉRIE.

RHYTHME BINAIRE. — A UN TRAIT.

247.
U
♩ = 40.

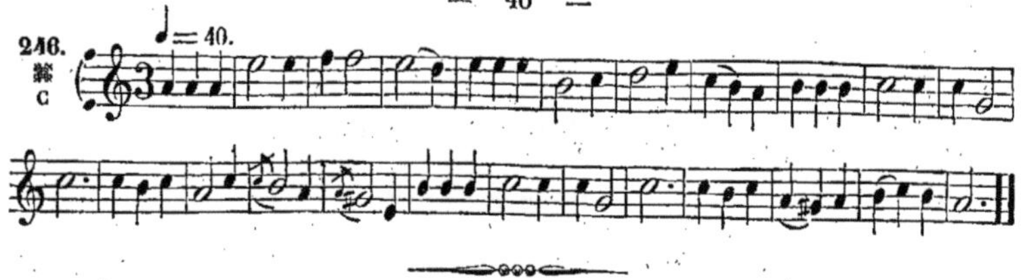

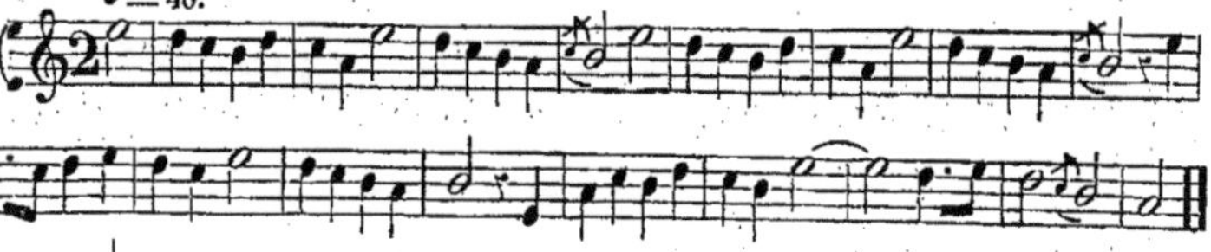

248.
C
♩ = 120.

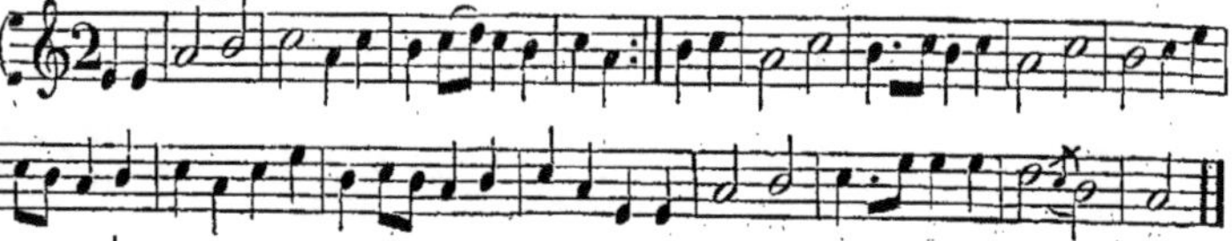

249.
J
♩ = 120.

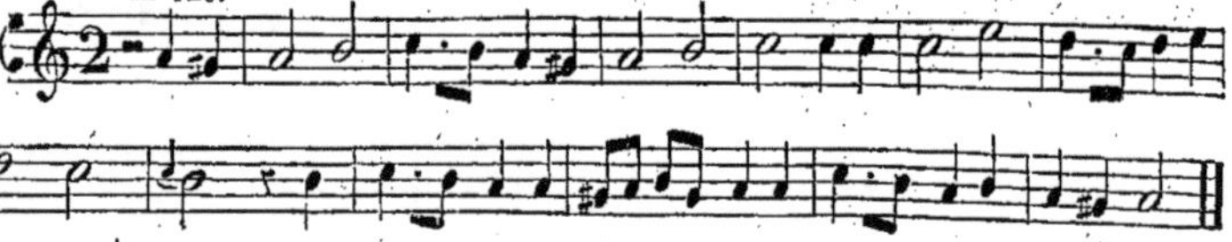

250.
sol min.
E
♩ = 150.

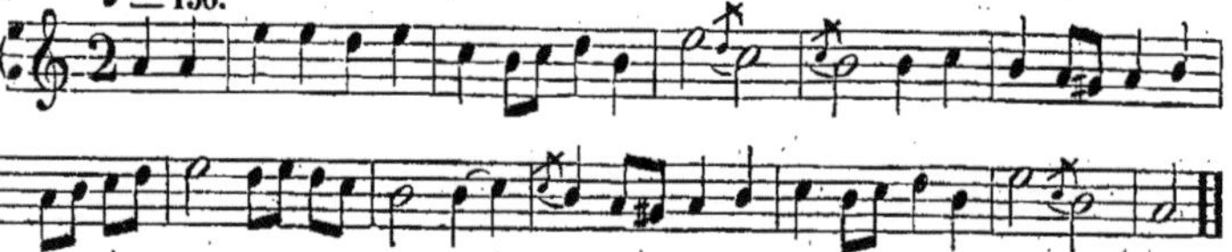

251.
G
♩ = 40.

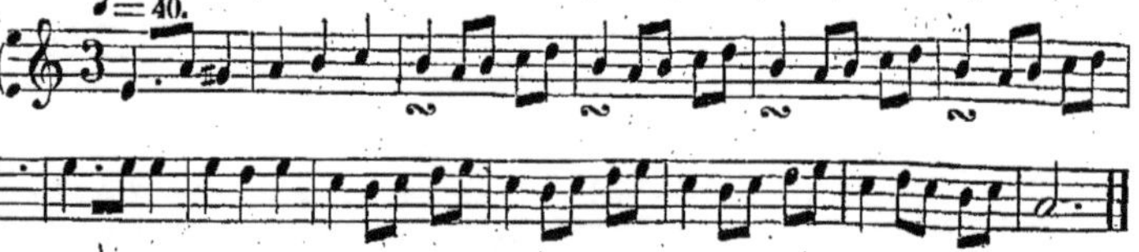

252.
sol min.
L
♩ = 160.

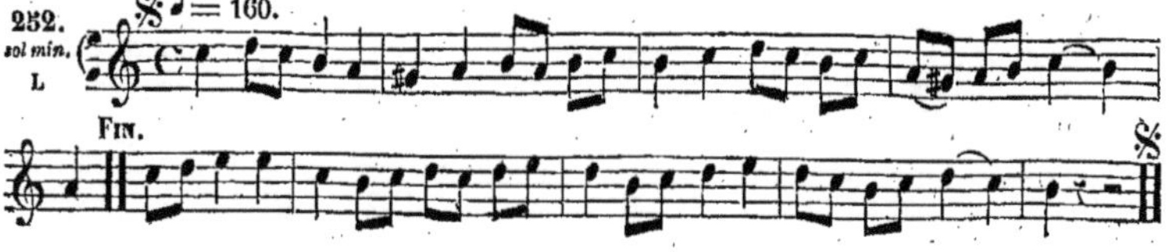

5ᵉ SÉRIE.

RHYTHME TERNAIRE. — A UN TRAIT.

6e SÉRIE.

RHYTHME BINAIRE A DEUX TRAITS.

7ᵉ SÉRIE.

RHYTHME TERNAIRE A DEUX TRAITS

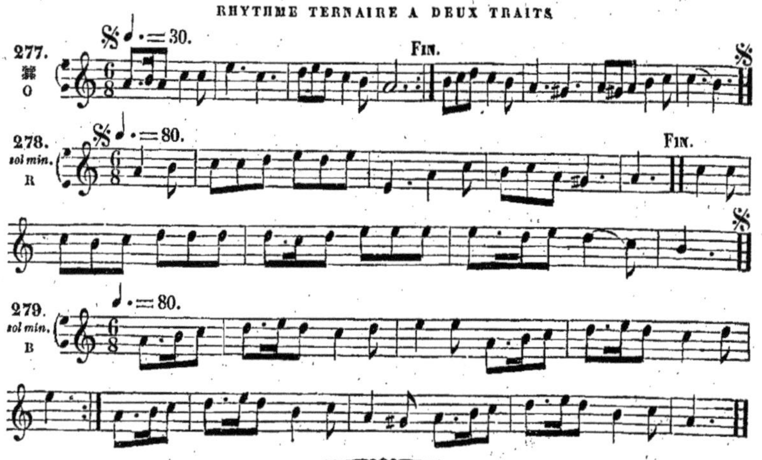

SUITE DE LA 7ᵉ SÉRIE.

MÉLANGE DES DEUX RHYTHMES. — SYNCOPES, ETC. — IRRÉGULARITÉS DU MODE MINEUR.

tr
tr
284.
sol min.
V
♩ = 40.
285.
A
♩ = 40.
286.
sol min.
L
♩ = 140.
Fin.
287.
D
♩. = 80.
288.
A
♩ = 60.
289.
sol min.
L
♩ = 60.
290.
U
♩ = 120.

291.
S
♩=80.
292.
L
♩=120.
293.
T
♩=60.
FIN.
294.
D
♩=80.
295.
J
♩.=80.
FIN.
296.
sol min.
L
♩=80.
297.
L
♩=40

Les trois cents mélodies précédentes se rapportent à la première partie du Cours, et leur lecture progressive est indiquée par le Tableau synoptique placé à la fin de la première partie.

Les suivantes forment une nouvelle collection destinée à servir d'exercice pratique de lecture pendant la deuxième partie du Cours, qui aura pour objet l'étude plus approfondie de la théorie et des exercices d'intonation de la partie élémentaire. Cette deuxième étude se fera en vocalisant; plus tard on pourra également vocaliser les airs au lieu de les solfier. La progression des Tons est la même pour les airs et pour les exercices.

Les airs de chaque Ton par bémol étant suivis de ceux du Ton corrélatif par dièses dans les deux modes, il est nécessaire de donner aux élèves les premières notions de transposition pour l'appréciation des signes accidentels. Il suffira de faire la comparaison des gammes indiquées page 66, et, au besoin, de leur démontrer les exemples 3, page 152, et 8, page 157, du *Traité de Transposition*.

La série en *ut majeur* qui commence cette collection montre la marche qui a été suivie dans la classification pour chaque Ton. Le rhythme binaire est séparé du rhythme ternaire. Les chiffres I, II et III indiquent les séries d'airs à 1, 2 ou 3 traits dont le rhythme est annoncé à la clé.

Enfin, dans chaque série, les airs sont classés selon l'étendue de leur diapason, afin qu'il soit plus facile au lecteur de laisser de côté ceux qui dépasseraient les limites de sa voix.

TON D'UT.—MODE MAJEUR.

RHYTHME BINAIRE.

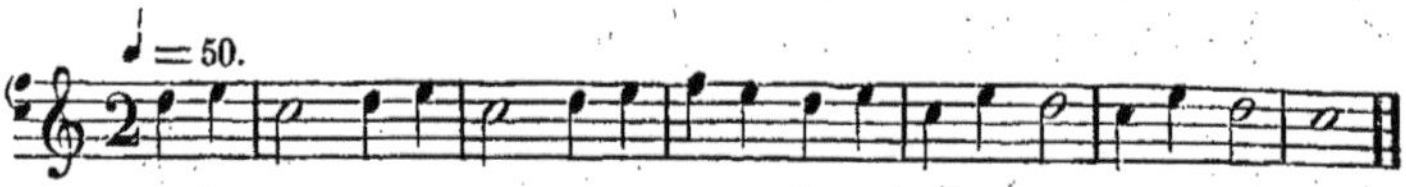

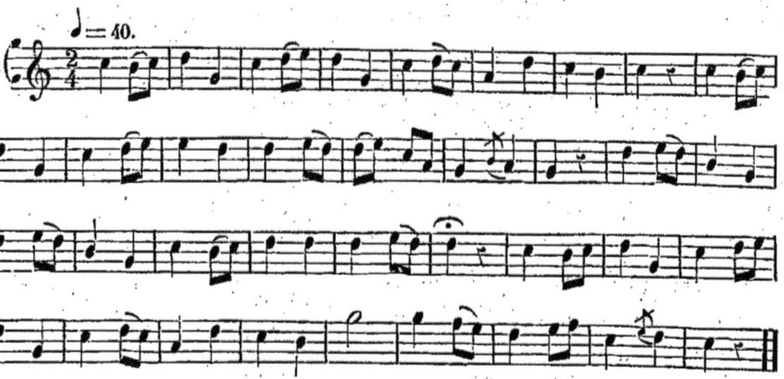

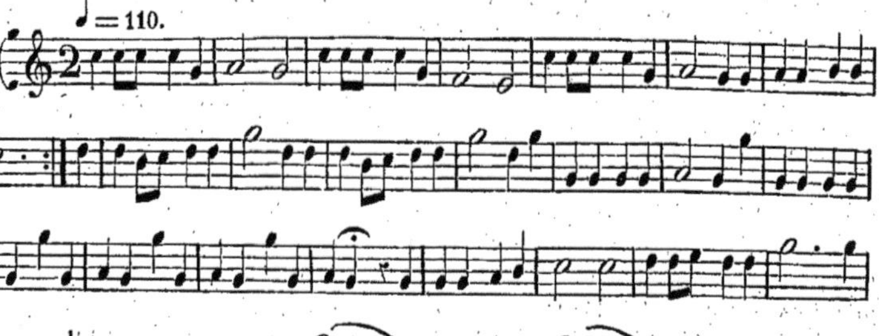

I.

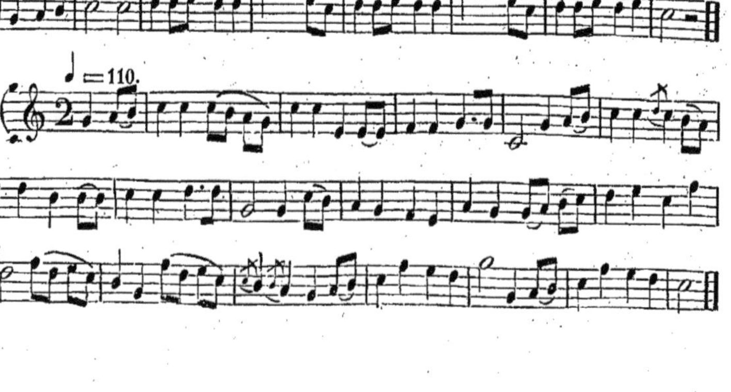

II.

309.
♩=40.
310.
♩=40.
311.
♩=40.
312.
♩=75.
313.
♩=75.
314.
♩=30.

RHYTHME TERNAIRE.

I.

II.

III.

TON DE FA.—MODE MAJEUR.

I.

323.
♩=75.
C
324.
♩=100.
A
325.
♩=40.
L
FIN.
326.
♩=45.
L

327.
D
♩ = 120.

328.
E
♩ = 160.
Fin:

329.
N
♩ = 120.

330.
A
♩ = 120.

331.
M
♩ = 60.

II.

332.
D
♩ = 70.

333.
U
♩ = 75.

334.
G
♩ = 50.
3/4
335.
V
♩ = 70.
2/4
336.
V
♩ = 70.
2/4
337.
C
♩ = 100.
2
Fin.
III.
338.
O
♩ = 50.
C
339.
I
♩ = 60.
2/4

I.

345. sol. G — ♩.=75.

346. A — ♩.=80.

Fin.

347. sol. C — ♩.=70.

Fin.

348. D — ♩.=75.

AIRS AVEC *SI* NATUREL ACCIDENTEL.

I.

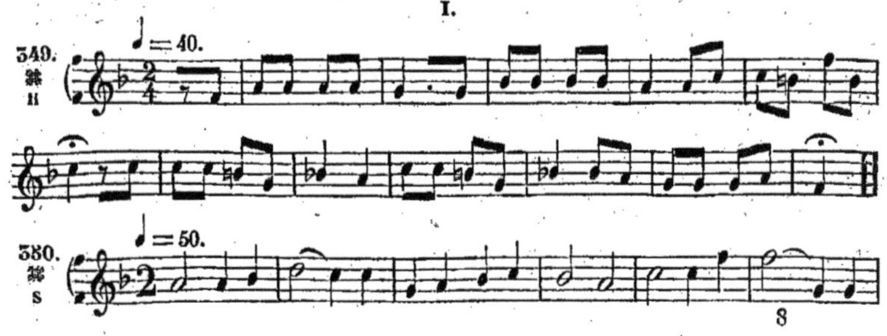

349. H — ♩=40.

350. S — ♩=50.

351.
L
♩ = 70.
352.
B
♩ = 45.
353.
E
♩ = 80.
Fin.
354.
Q
♩ = 100.

359.
𝄐 = 50.
360.
𝄐 = 50.
361.
𝄐 = 50.
362.
𝄐 = 90.

II.

368.
P
♩ = 70.
369.
C
♩ = 40.
370.
D
♩ = 70.
371.
F
♩ = 100.

372.
M
♩=30
373.
C
Fin.
374.
G
♩=40.
375.
P
♩=30.
I.
376.
D
♩.=60.

377.
sol.
N

378.
S

379.
sol.
R

380.
P

381.
T

II.

382. 
樂
V
♩. = 65.

383.
樂
S
♩. = 65.

384.
sol.
D
♩. = 65.

385.
樂
L
♩. = 25.

TON DE FA DIÈSE.—MODE MAJEUR.

AIRS AVEC *SI* DIÈSE ACCIDENTEL.

NOTA. En vérifiant, aux nᵒˢ 55 et 56 de la première Partie, la similitude qui existe *pour la voix* entre les gammes de *fa* ♮ et de *fa* ♯, on reconnait que le *si* ♮ de la gamme de *fa* ♯ et le *si* ♭ de la gamme de *fa* ♮ remplissent les mêmes fonctions. On peut donc lire les airs de cette série comme s'ils étaient écrits en *fa* ♮; il suffit pour cela de considérer les *si* ♯ comme des *si* ♮ et les *si* ♮ comme des *si* ♭, c'est-à-dire d'abaisser par la pensée les signes accidentels d'un degré. Nous entendons par degré la différence d'un ✕ à un ♯, de celui-ci à un ♮, puis à un ♭, et enfin à un ♭♭. Le degré le plus élevé est, on le comprend, le ✕.

I.

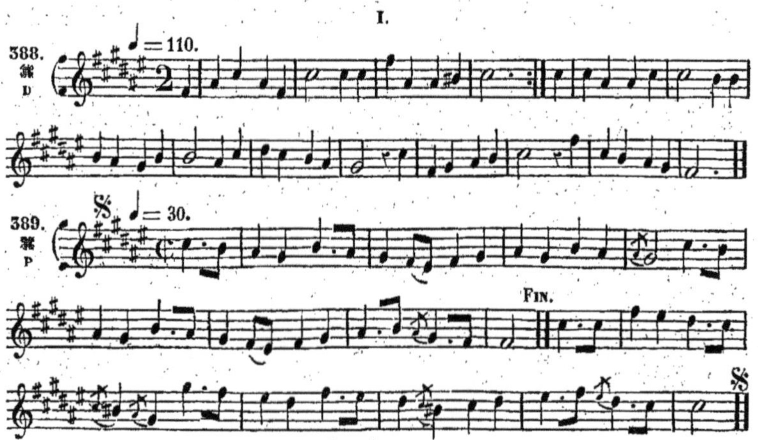

390.
♩ = 70.
394.
♩ = 120.
FIN.
II.
392.
♩ = 70.
393.
♩ = 70.
Tous.
394.
♩ = 65.

395.
♩ = 65.
V
396.
♩ = 60.
P
Fin.
I.
397.
♩. = 70.
F
Fin.
398.
♩. = 70.
B
399.
♩. = 65.
I

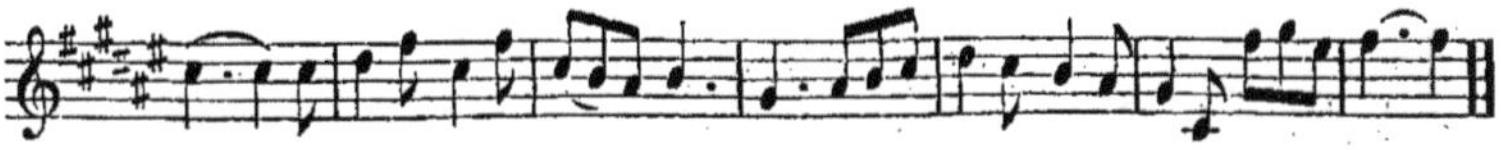

II.

Fin.

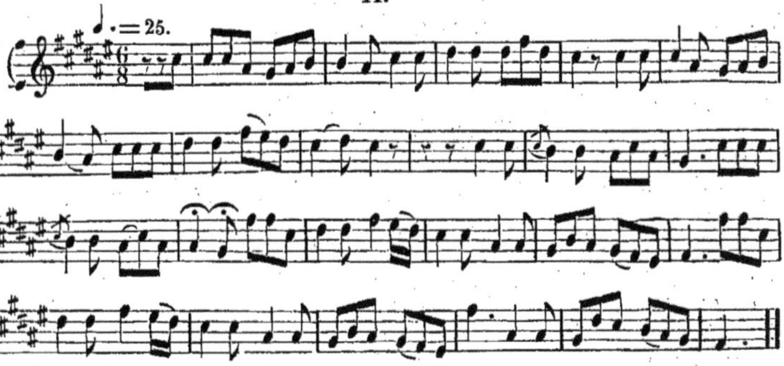

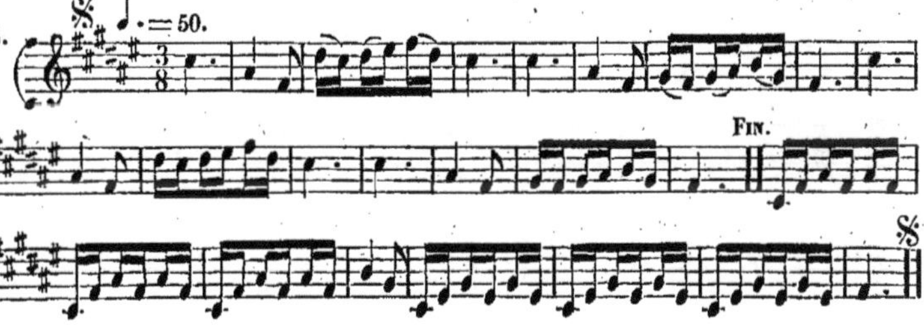

TON DE RÉ.—MODE MINEUR.

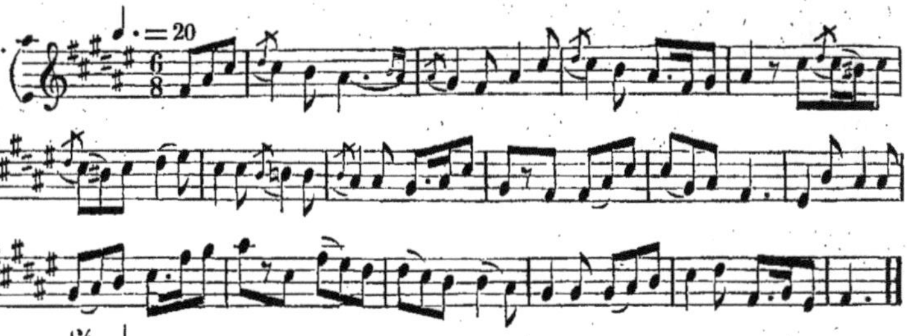

MINEUR RELATIF DE *FA* MAJEUR.

I.

411.
♩=120.
412.
♩=40.
11.
413.
♩=80.
414.
♩=30.

I.

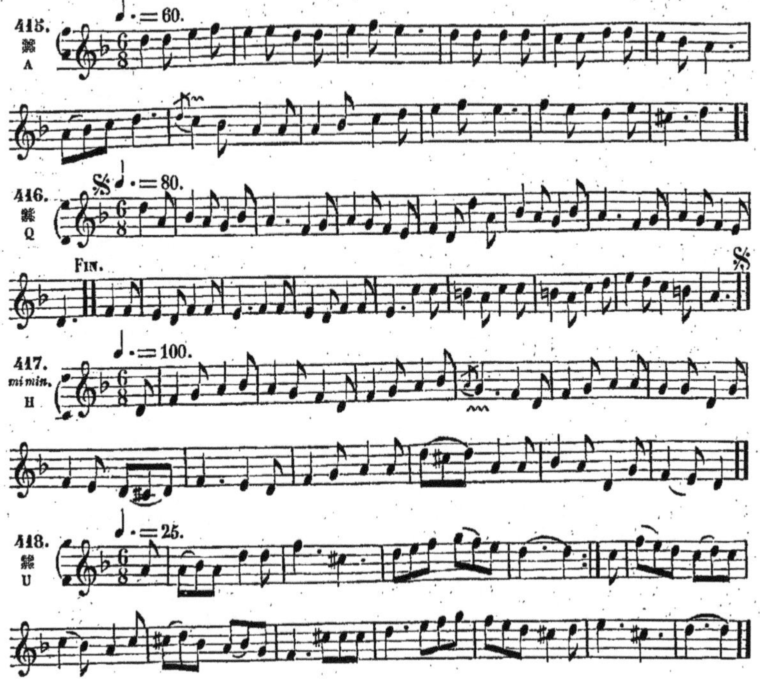

II.

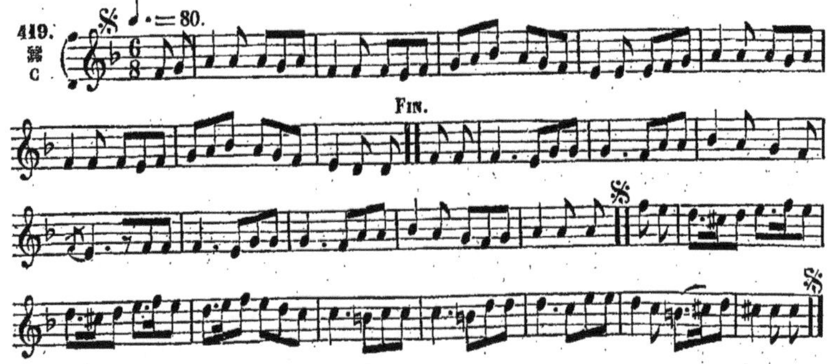

TON DE RÉ DIÈSE. — MODE MINEUR.

I.

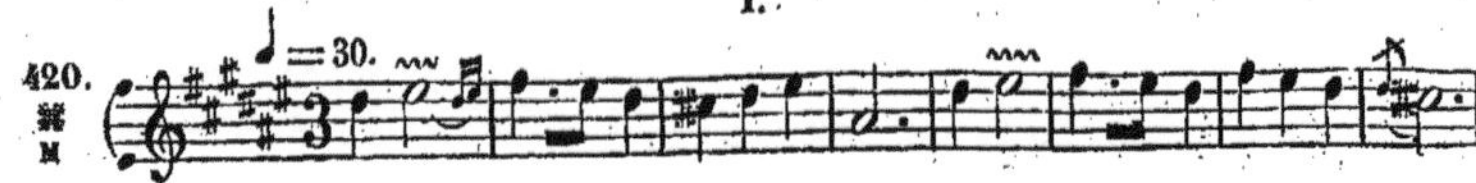

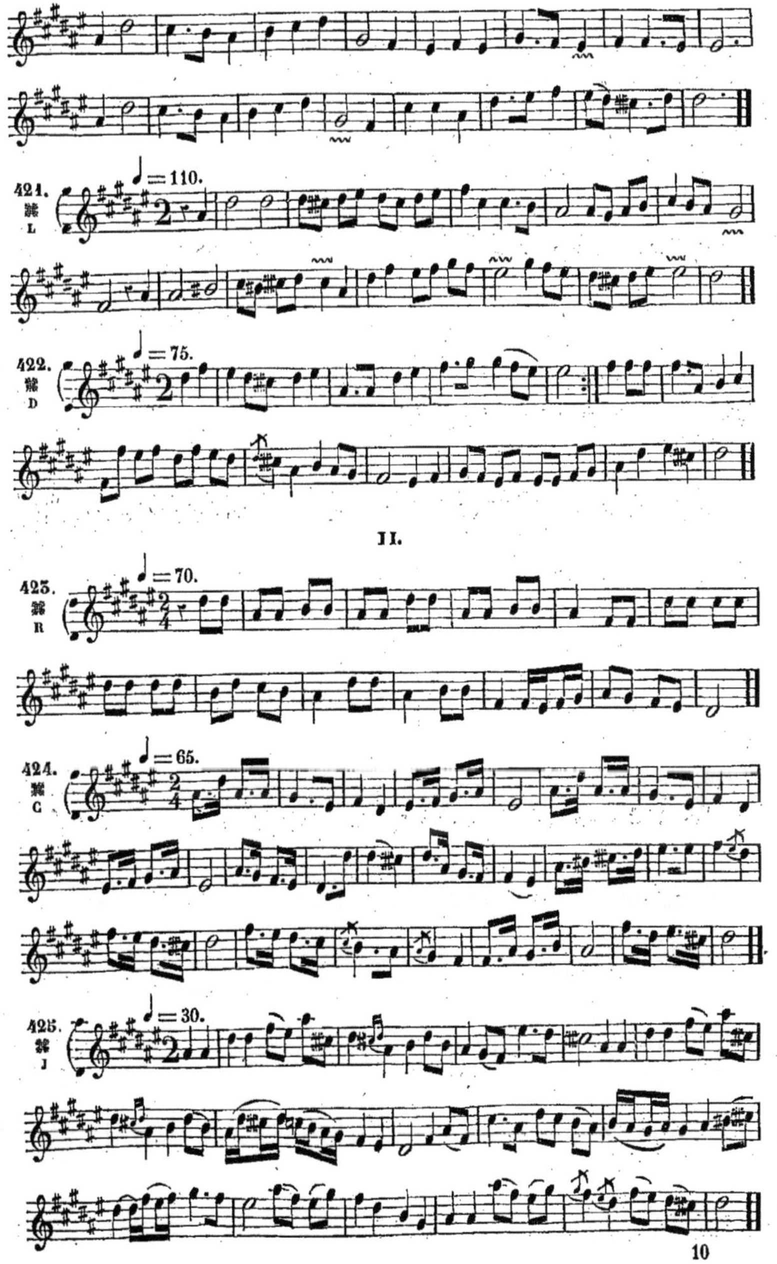
421.
L
♩ = 110.
422.
D
♩ = 75.
II.
423.
R
♩ = 70.
424.
G
♩ = 65.
425.
J
♩ = 30.

I.

————◦◦◦◦————

TON DE SI BÉMOL. — MODE MAJEUR.

I.

431.
A
♩ = 75.
432.
P
♩ = 75.
433.
D
♩ = 90.
434.
M
♩ = 75.
435.
O
♩ = 80.

436.
♩ = 100.
437.
♩ = 40.
Tous.
438.
♩ = 100.
439.
sol.
♩ = 100.

II.

445.
sol.
F
♩ = 30.
446.
sol.
A
♩ = 70.
447.
la.
T
♩ = 80.
F
FF
D.C.
448.
D
♩ = 60.
449.
L
♩ = 80.

480. S

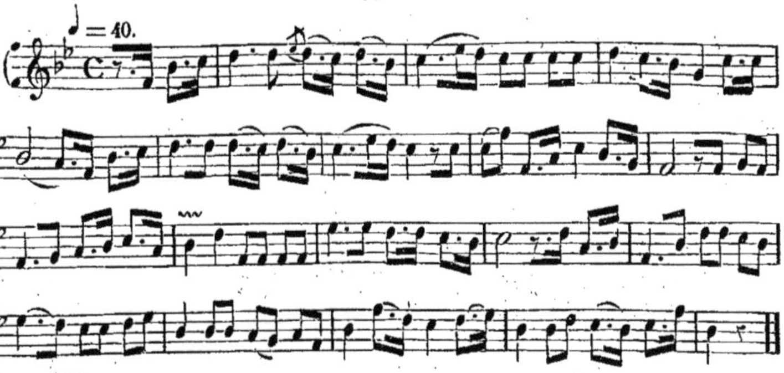

481. B

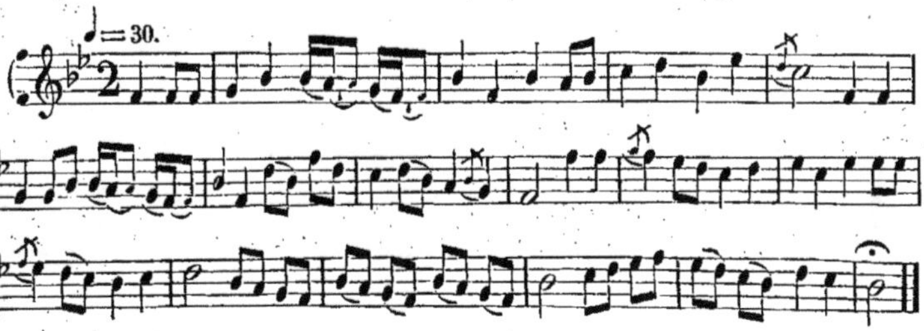

482. D

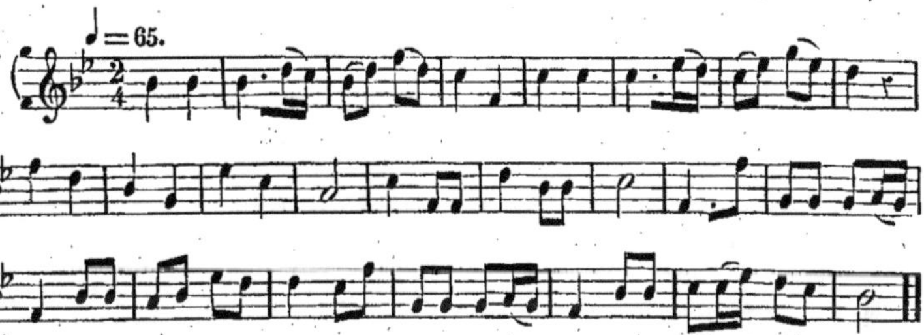

483. E

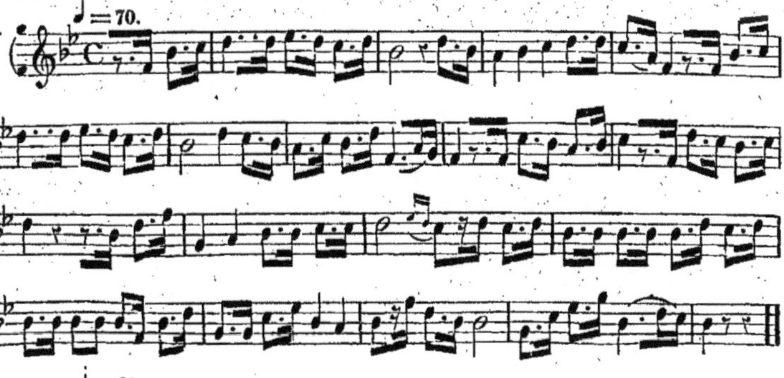

484. Q

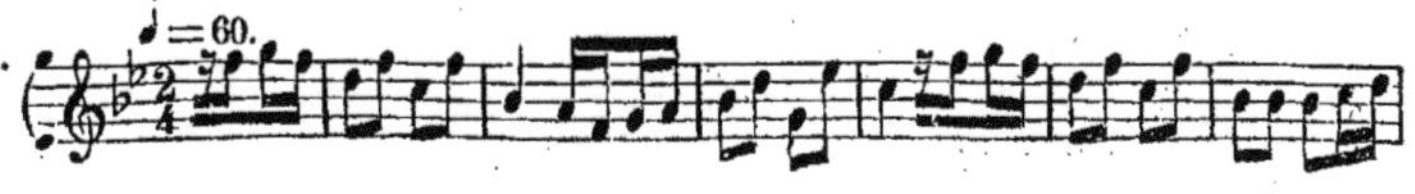

III.
485.
M
= 30.
486.
L
= 35.
Fin.
487.
A
= 70.
I.
488.
G
= 25.

459.
♩.=75.
460.
♩.=80
FIN.
461.
♩.=25.
462.
♩.=80.

463. ♩. = 60.

464. ♩. = 80.

465. ♩. = 85.

466. ♩. = 75.

467.
♩. = 25.
468.
♩. = 80.
II.
469.
♩. = 50.
470.
♩. = 70.
TOUS.
SOLO.
TOUS.

AIRS AVEC *SI* ET *MI* NATURELS ACCIDENTELS.

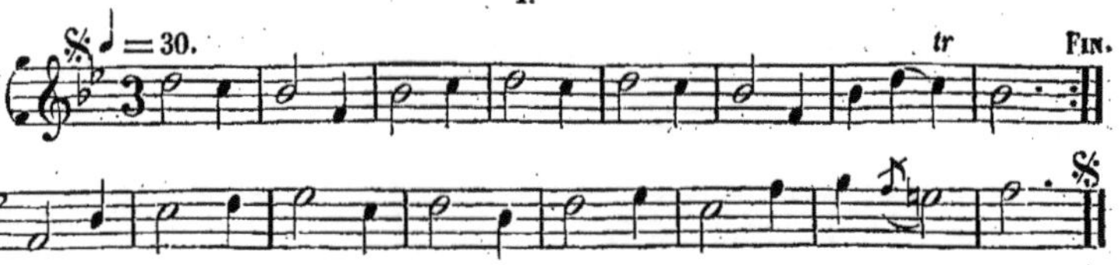

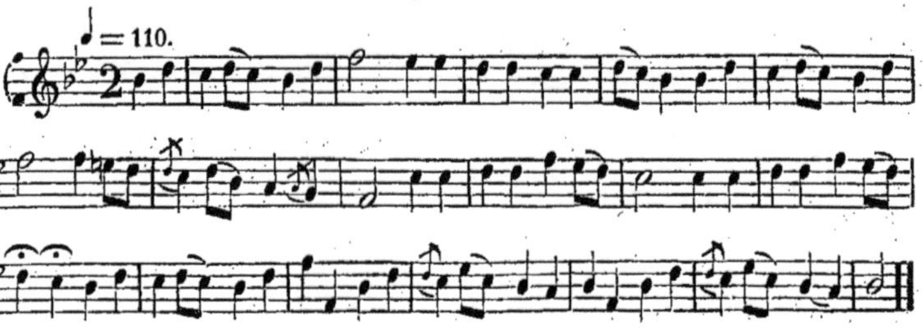

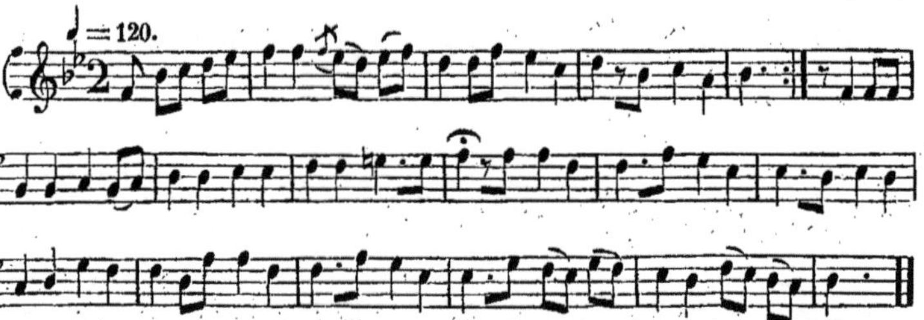

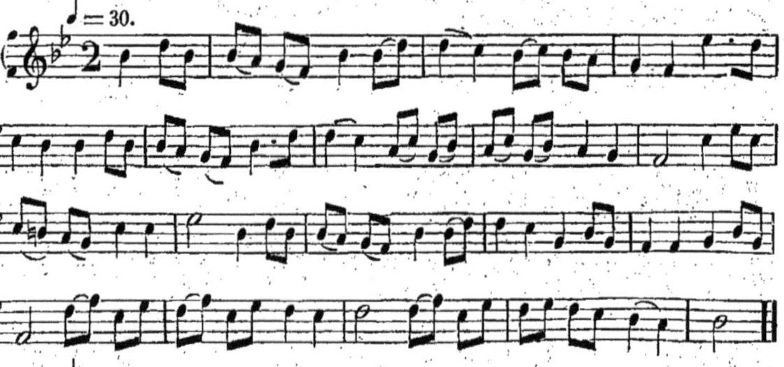

I.

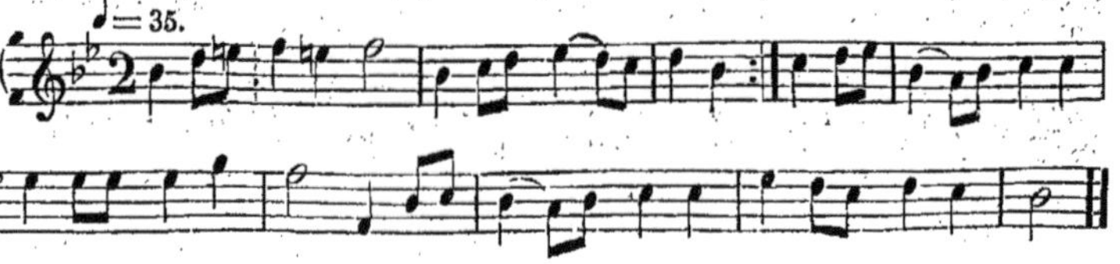

476.
G
♩ = 40.
477.
sol.
R
♩ = 80.
478.
H
♩ = 70.
479.
sol.
B
♩ = 75.
Fin.
480.
F
♩ = 75.

481.
sol.
D
♩ = 45.
482.
ré.
S
♩ = 30.
II.
483.
C
♩ = 30.
484.
ut.
F
♩ = 70.

485.
M
♩ = 25.
486.
sol.
B
♩ = 75.
2/4
FIN.
487.
C
♩ = 90.
2/4
488.
L
♩ = 30.
2
489.
I
♩ = 30.
2

490.
V
491.
C
492.
V
493.
U
III.
494.
sol.
A

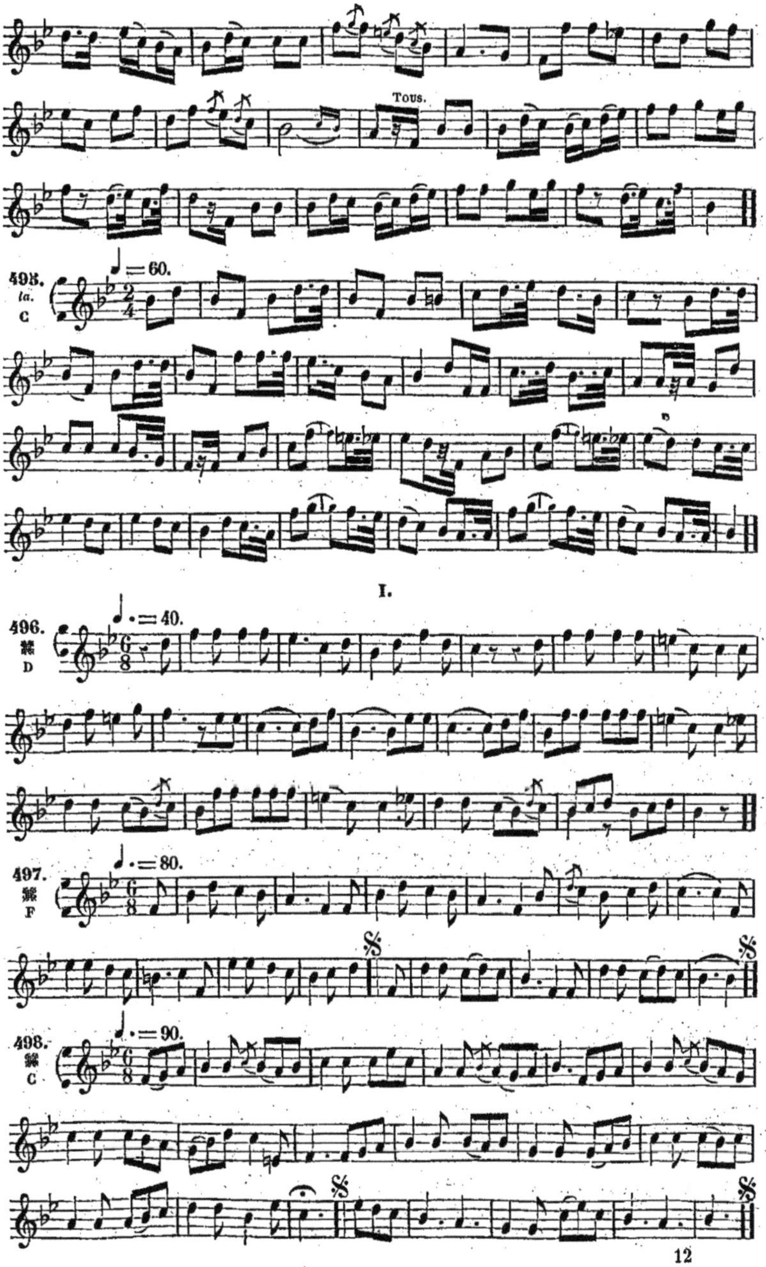

495.
la.
C ♩ = 60.

I.

496.
D ♩. = 40.

497.
F ♩. = 80.

498.
C ♩. = 90.

499.
500.
501.
502.
503.

304.
J
♩.=70.
305.
la.
D
♩.=60.
II.
306.
P
♩.=60.
307.
F
♩.=25.
308.
J
♩.=40. RITOURN.
CHANT.

TON DE SI. — MODE MAJEUR.

II.

AIRS AVEC *SI* ET *MI* DIÈSES ACCIDENTELS.

I.

813. sol. J

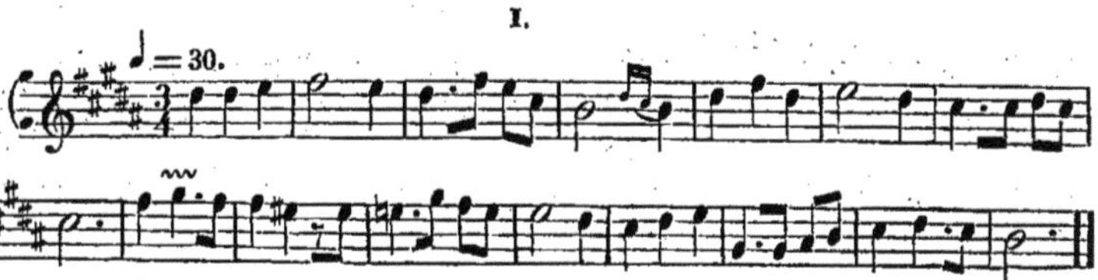

814. si♭. L

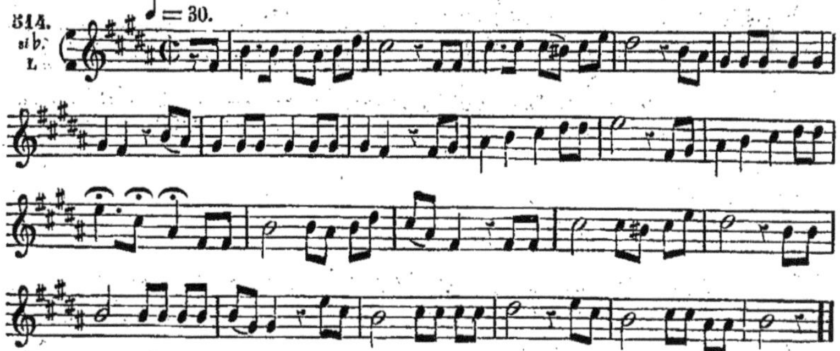

815. sol. V

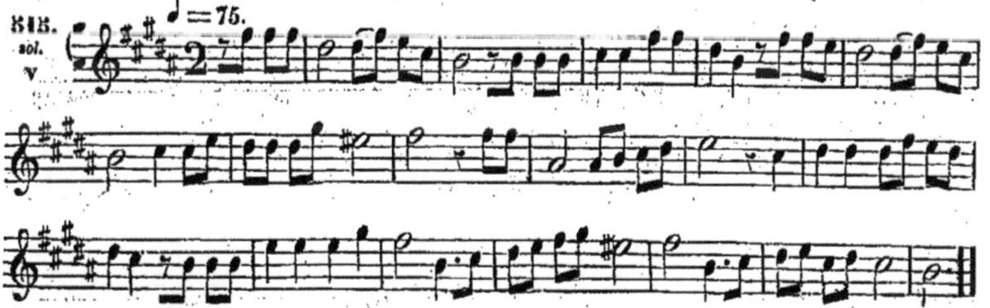

816. sol. D

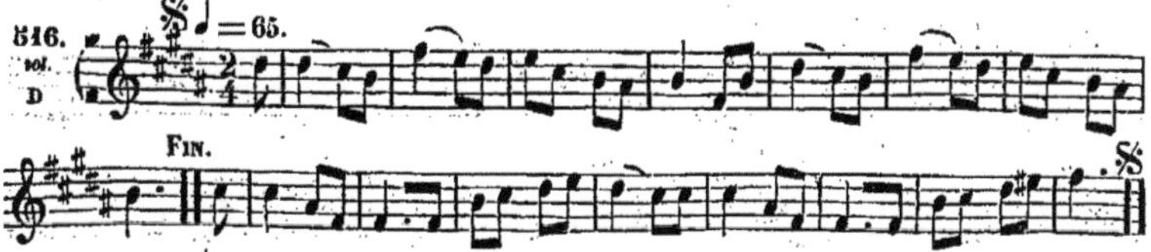

817. sol. T

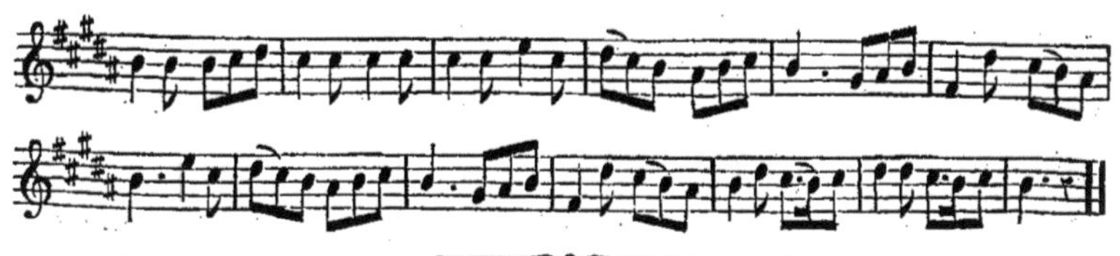

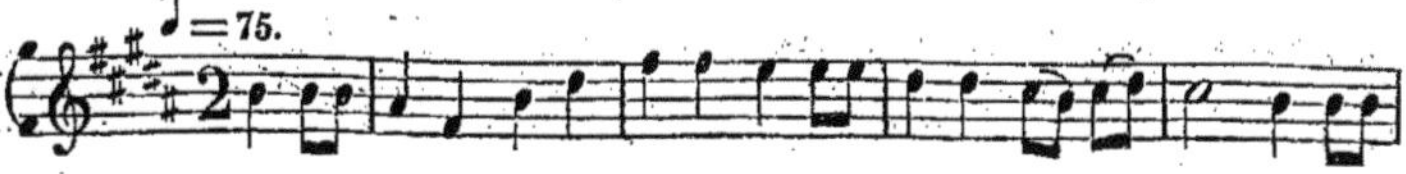

818.
sol.
O
$\bullet = 30.$

819.
sol.
D
$\bullet = 75.$

II.

820.
sol.
J
$\bullet = 30.$

821.
si b.
T
$\bullet = 70.$

522.
sib.
A
♩ = 80.
523.
sol.
V
♩ = 35
524.
sib.
P
♩ = 40.
525.
sib.
O
♩ = 60.
III.
526.
sol.
A
♩ = 90.

FIN.
527.
si♭.
L.
♩ = 65.
I.
528.
ut.
C
♩. = 80.
529.
ut.
J
♩. = 80.
530.
ut.
R
♩. = 75.

TON DE SOL. — MODE MINEUR.

I.

536.
D
♩ = 60.
537.
J
♩ = 70.
538.
D
♩ = 100.
539.
J
♩ = 60.
540.
E
♩ = 80.
II.
541.
la min.
Q
♩ = 60.
542.
L
♩ = 65.

543
C
III.
544.
L
lent.
I.
545.
R
546.
A
Fin.
847.
D

TON DE SOL DIÈSE. — MODE MINEUR.

I.

553.
sol min.
E
♩=30.
554
sol min.
A
♩=35.
tr
555.
sol min.
L
♩=70.
II.
556.
sol min.
U
♩=110.
557.
sol min.
H
♩=65.
2/4

558.
sol min.
D

FIN.

559.
sol min.
R

I.

560.
sol min.
J

561.
sol min.
R

TON DE MI BÉMOL. — MODE MAJEUR.

I.

568
sol.
F
♩ = 110.
569.
ut.
L
♩ = 80.
570.
fa.
C
♩ = 30.
II.
571.
sol.
P
♩ = 120.
572.
ut.
O
♩ = 70.
2
4

Fin.
573.
sol.
I
♩=70.
574.
ut.
J
♩=90.
575.
U
♩=80.
576.
V
♩=80.

577.
fa.
P
♩=70.
578.
B
♩=65.
579
A
♩=30.
580.
Q
♩=25.
Fin.

III.

I.

II.

TON DE MI BÉMOL. — MODE MAJEUR.

AIRS AVEC *SI*, *MI* ET *LA* NATURELS ACCIDENTELS.

I.

591.
sol.
V
♩=100.
592.
mi♭.
M
♩=120.
593.
ut.
O
♩=80.
FIN.
594.
sol.
D
♩=90.
595.
mi♭.
R
♩=60.

596.
mi b.
A
597.
mi b.
I
598.
mi b.
L
599.
mi b.
L
600.
mi b.
A

II.
601. mib. L ♩=80. 2/4
602. sol. L ♩=80. C
603. mib. J ♩=80. C
604. mib. O ♩=90.

605.
sol.
A
♩= 40.
606.
mi♭.
L
♩= 60.
607.
sol.
M
♩= 30.

608.
mi b.
L
♩ = 100.
609.
fa.
F
♩ = 90.
610.
fa.
T
♩ = 30.
611.
mi b.
C
♩ = 90.

612.
sol.
C
♩ = 60.
613.
mib.
A
♩ = 30.
614.
mib.
J
♩ = 30

615.
mi b.
C
♩ = 30.
2/4
616.
mi b.
A
♩ = 40.
2
REFRAIN.
617.
fa.
S
♩ = 70.
2
I,
618.
sol.
D
♩ = 80.
6/8

619.
mib.
C
♩. = 80.
620.
fa.
M
♩. = 50.
621.
sol.
G
♩. = 65.
622.
sol.
A
♩. = 80.
Fin.

623.
mi♭.
E

♩. = 25.

624.
mi♭.
M

♩. = 85

FIN.

625.
sol.
L

♩. = 25.

626.
fa.
Q

♩. = 25.

627.
ré.
U

♩. = 80.

628.
mi b.
T
♩. = 65.
II.
629.
ré.
U
♩. = 10.
630.
sol.
Q
♩ = 20.
FIN.
631.
mi b.
Q
♩. = 25.
632.
ré.
L
♩. = 65.

633.
fa.
S
III.
634.
sol.
A
635.
mi♭.
C

TON DE MI. — MODE MAJEUR.

AVEC *LA*, *MI* ET *SI* DIÈSES ACCIDENTELS.

1.

641.
rd.
O
♩ = 120.
II.
642.
mi.
T
♩ = 120.
643.
mi.
I
♩ = 50.
644.
ut.
A
♩ = 25.

645.
mi.
S
= 120.
646.
sol.
A
= 80.
647.
sol.
P
= 40.
tr.
1
2
648.
mi b.
D
= 30.

649.
mi,
S
= 25.
650.
fa,
J
= 30.
651.
mib.
W
= 120.
FIN.
652.
mi,
P
= 60.

III.
683.
fa.
O
♩=80.
684.
fa.
D
♩=30.
685.
mi.
R
♩=30.
tr   tr   tr
686.
mi♭.
C
♩=30.

I.
657.
sol.
A
♩. = 25.
658.
sol.
L
♩. = 85.
659.
sol.
A
♩. = 25.
660.
tt.
A
♩. = 100.
661.
sol.
V
♩. = 100.

TON D'UT. — MODE MINEUR.

I.

672.
la min.
V
= 80.
2
673.
E
= 30.
2
II.
674.
la min.
D
= 100.
2/4
675.
A
= 40.
2/4
676.
Q
= 110. Rhythme mixte.
3
I.
677.
E
= 100.
6/8

678.
F

679.
V

II.

680.
lu min.
Q

TON D'UT DIÈSE. — MODE MINEUR.

I.

681.
T ou R

682.
la min.
D
𝅘𝅥 = 25.
683.
mi min.
D
𝅘𝅥 = 30.
II.
684.
L
𝅘𝅥 = 30.
685.
la min.
P
𝅘𝅥 = 110.
686.
la min.
F
𝅘𝅥 = 90.
Fin.

687.
ut min.
A
♩ = 30.
I.
688.
ut min.
S
♩. = 100.
689.
ut min.
L
♩. = 25.
II.
690.
ut min.
J
♩. = 50.

TON DE LA BÉMOL. — MODE MAJEUR.

I.

AVEC *RE*, *LA*, *MI* ET *SI* NATURELS ACCIDENTELS.

Fin.
699.
la.
N
= 80.
Fin.
700.
la.
A
= 100.
Fin.
II.
701.
la.
R
= 90.
Fin.
702.
la.
M
= 30.

703.
ut.
P
= 80.
704.
la.
Q
= 30.
705.
la.
H
= 120.
706.
la.
J
= 25.
707.
la.
P
= 75.
708.
ut.
S
= 25.

I.
713.
sol.
C
714.
la.
N
AVEC SI, MI, LA ET RE NATURELS ACCIDENTELS.
715.
sol.
F
FIN.
716.
sol.
F
FIN.
717.
la.
T
718.
la.
J

FIN.
719.
la.
B
♩. = 25.
720.
la
F
♩. = 75.
721.
fa.
M
♩. = 80.
722.
si b.
X
♩. = 90.

723.
sib.
L
Fin.
II.
724.
ut.
B
725.
sol.
J
Fin.
726.
sol.
C
727.
fa.
I

TON DE LA. — MODE MAJEUR.

AVEC *RE*, *LA*, *MI* ET *SI* DIÈSES ACCIDENTELS.

I.

728.

729.

730.

731.

732.
L
♩= 80.
2/4
733.
V
♩= 30.
3
734.
sol.
P
♩= 25.
C
735.
R
♩= 140.
3/4
Fin.

736.
E
♩=70.
737.
P
♩=75.
738.
sib.
P
♩=30.
II.
739.
fa.
N
♩=50.
740.
H
♩=120.
Fin.

741.
A

742.
C

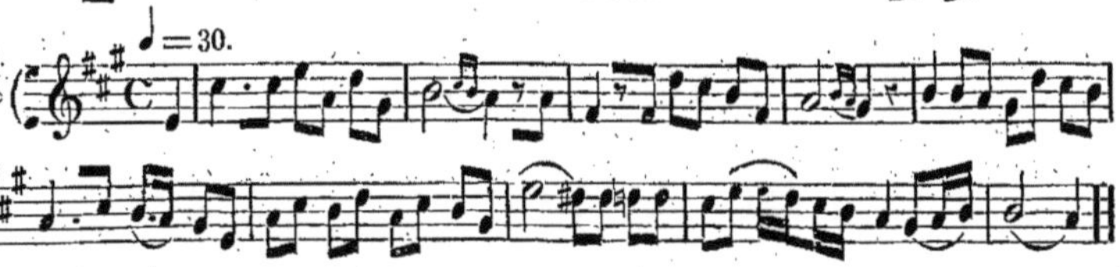

743.
C

744.
sol.
B

745.
Q

746.
U
♩=75.
747.
B
♩=50.
Fin.
748.
E
♩=60.
749.
R
♩=100.
750.
S
♩=30.

III.
751.
FIN.
752.
I.
753.
754.

755.
sol.
B
♩. = 100.
FIN.
756.
T
♩. = 80.
FIN.
757.
sol.
M
♩. = 30.
FIN.
758.
si ♭.
U
♩. = 80.
759.
si ♭.
J
♩. = 40.

760.
wl.
Q
♩. = 85.
761.
ut.
L
♩. = 100.
762.
P
♩. = 70.
II.
763.
S
♩. = 30.
764.
Q
♩. = 40.

765.
N
♩. = 10.
3/8

766.
N
♩. = 60.
6/8
Fin.

767.
M
♩. = 25.
6/8

768.
S
♩. = 25.
6/8

769.
P
♩. = 90.
6/8

TON DE FA. — MODE MINEUR.

I.

774.
sol min.
D
tr
tr
tr
tr
tr
775.
la min.
U
776.
la min.
C
FIN.
777.
la min.
P
778.
sol min.
F

TON DE FA DIÈSE. — MODE MINEUR.

I.

782.
sol min.
C
= 30.
783.
la min.
T
= 25.
784.
la min.
U
= 80.
tr
tr
785.
mi min.
E
= 120.
Fin.
786.
sol min.
A
= 120.
787.
mi min.
U
= 85.

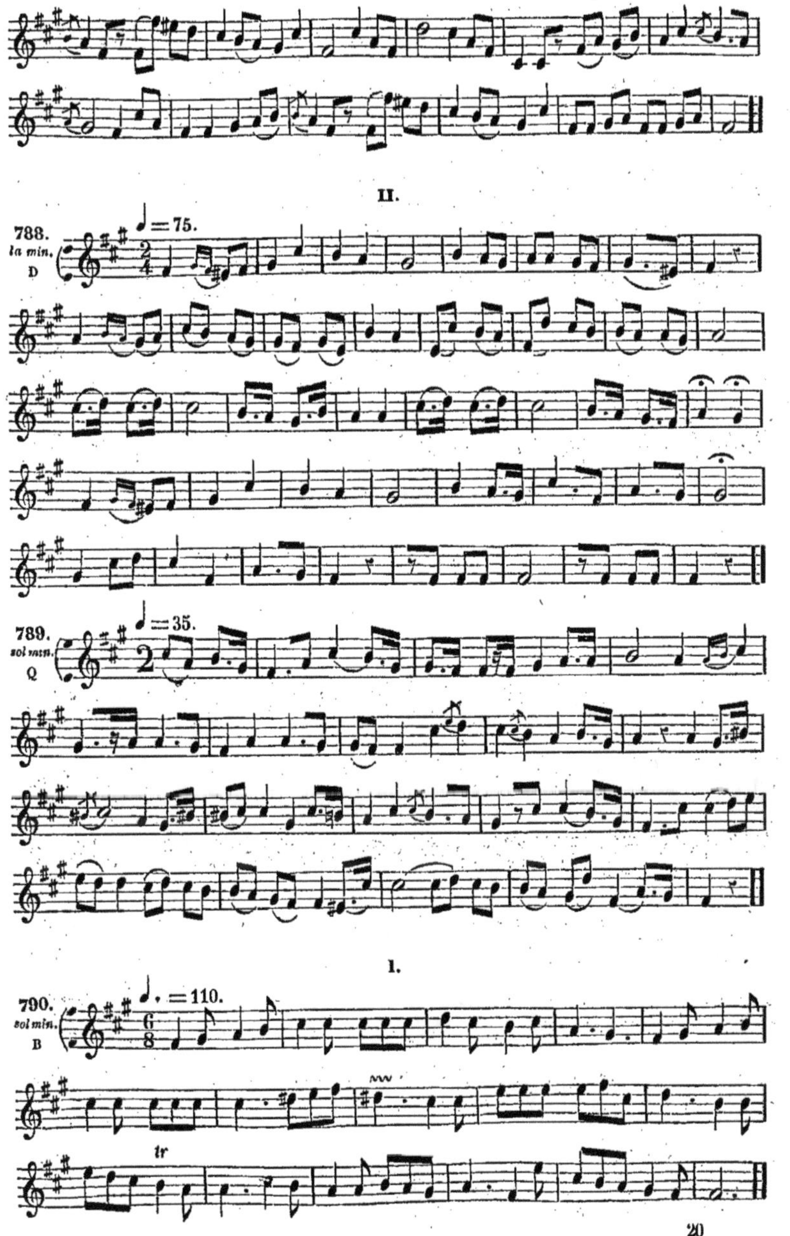
II.
788.
la min.
D
♩=75.
2/4
789.
sol min.
Q
♩=35.
2
I.
790.
sol min.
B
♩=110.
G/8
tr
www
20

TON DE RÉ BÉMOL. — MODE MAJEUR.

AVEC *SI*, *MI*, *LA*, *RE* ET *SOL* BÉCARRES ACCIDENTELS.

I.

800
re.
P
♩=80.
801.
rt.
T
♩=120.
802.
re.
C
♩=120.
FIN.
803.
ut.
M
♩=50.
804.
ut.
T
♩=130.
FIN.
II.
805.
fu.
G
♩=30.

806.
ut.
G
= 100.
REFRAIN.
807.
fa.
I
= 35.
808.
rd.
E
= 35.
809.
ut.
M
= 70.

810.
= 30.
811.
= 30.
812.
= 80.
dolce.
813.
= 30.

814.
rt.
A
♩=110.
815.
mi b.
S
♩=25.
816.
rt.
T
♩=110.
817.
rt.
I
♩=65.
tr
Fin.
tr
tr
I.
818.
rt.
V
♩=110.

819.
ut.
P
Fin.
820.
ré.
I
821.
sib.
D
822.
ré.
L
823.
ré.
P

824.
ré.
L.
♩. = 70.
825.
ré.
N
♩. = 120.
tr
826.
fa.
A
♩. = 25.
827.
ré.
N
♩. = 35.
Fin.
II.
828.
ul.
J
♩. = 25.

TON DE RÉ. — MODE MAJEUR.

I.

II.

AVEC *SOL*, *RE*, *LA* ET *MI* DIÈSES ACCIDENTELS.

I.

833.
ut.
L

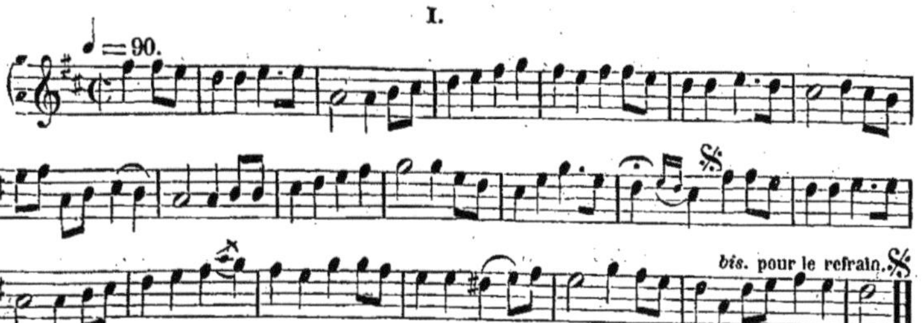

834.
ut.
M

835.
ut.
D

836.
ut.
Q

837.
ut.
J

838.
ut.
U
♩=125.
839.
#
M
♩=110.
840.
ut.
J
♩=35.
II ET III:
841.
#
G
♩=100.
842.
#
G
♩=100.
843.
#
G
♩=80.

844.
N
♩ = 30.
845.
si ♭.
C
♩ = 110.
846.
ut.
U
♩ = 35.
847.
ut.
B
♩ = 30.

848.
M
849.
ut.
N
850.
mi b.
J
851.
P
852.
L

I ET II.
853.
ut.
J
♩. = 70.
854.
♯
D
♩. = 110.
855.
ut.
G
♩. = 100.
856.
ut.
C
♩. = 80.
FIN.

857.
T
♩. = 25.
858.
ut.
V
♩. = 35.
859.
ut.
P
♩. = 25.
860.
ut.
M
♩. = 85.
861.
P
♩. = 100

862. *ut.* P

863. *ut.* M

864. *ut.* V

TON DE SI BÉMOL. — MODE MINEUR.

I ET II.

865. *la min.* D

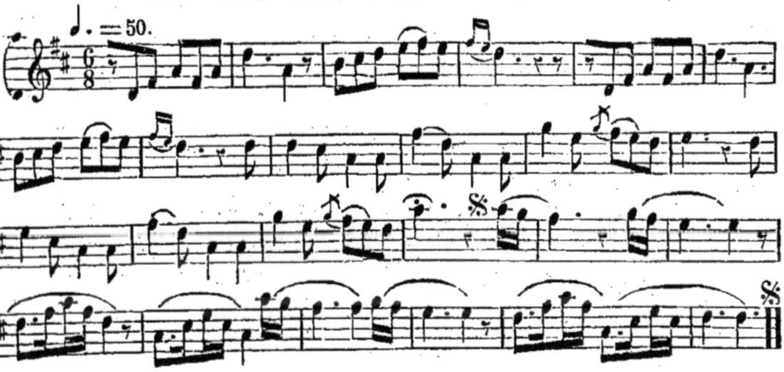

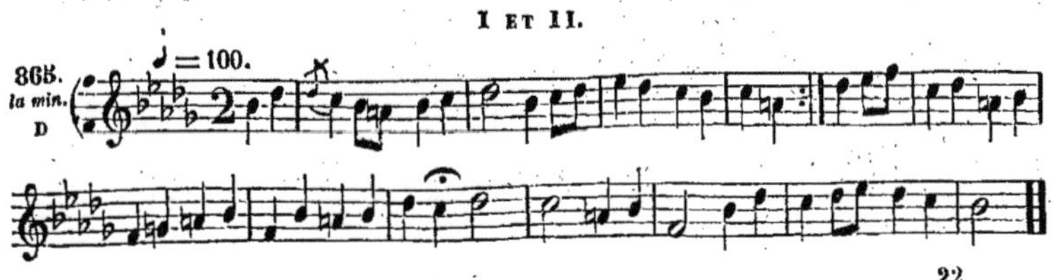

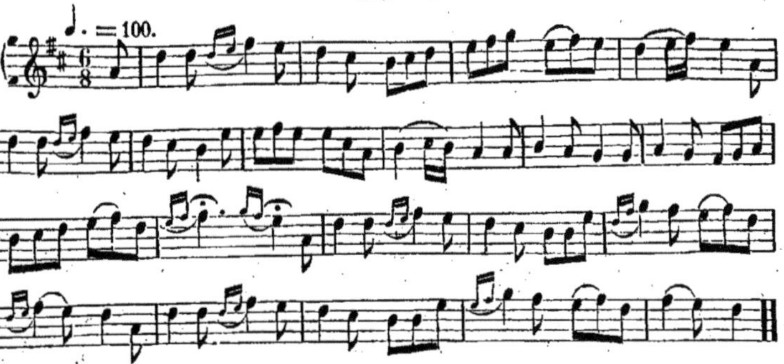

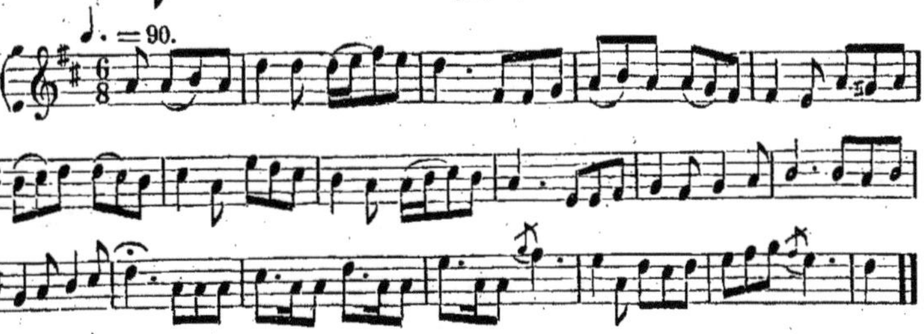

866.
re min.
U
♩ = 35.
867
la min.
B
♩ = 85.
868.
la min.
O
♩ = 30.
869.
ut min.
C
♩ = 70.
tr
870.
la min.
J
♩ = 110.
tr

tr
871.
la min
F
♩ = 100.
872.
la min
E
♩ = 90.
873.
M
♩ = 30.
I ET II.
874.
ré min
♩. = 75.
875.
la min
♩. = 25.

TON DE SI. — MODE MINEUR.

I, II ET III.

880.
la min.
T
♩=100.
881.
la min
Q
♩=90.
882.
V
♩=100.
883.
la min.
F
♩=30.

884.
sol min.
V
♩=30.
885.
J
♩=30.
886.
D
♩=75.
887.
la min.
D
♩=25.
I ET II.
888.
la min.
N
♩.=30.

889.

890.
la min.

891.
la min.

TON DE SOL BÉMOL. — MODE MAJEUR.

I.

892.

AVEC *UT, SOL, RE* ET *LA* NATURELS ACCIDENTELS.

I.

898.
sol.
G
899.
sol.
D
900.
sol.
U
901.
sol.
D
902.
sol.
C
903.
sol.
E

FIN.
904.
sol.
F
♩=120.
905.
sol.
Q
♩=30.
tr
tr
II ET III
906.
sol.
F
♩=25.
907.
sol.
I
♩=120.
908.
sol.
V
♩=60.

909.
sol.
T
♩ = 100.
910.
sol.
L
♩ = 25.
911.
sol.
M
♩ = 100.
FIN.
912.
sol.
A
♩ = 30.
I ET II.
913.
sol.
D
♩. = 70.
914.
sol.
C
♩. = 80.

920.
sol.
L
♩. = 25.

921.
sol.
J
♩. = 80.

922.
sol.
P
♩. = 110.

923.
sol.
B
♩. = 100.

Fin.

924.
sol.
O
♩. = 30.

925.
sol.
Q

926.
sol.
L

TON DE SOL. — MODE MAJEUR.

I, II ET III.

927.
V

AVEC *SOL*, *RE*, *LA* ET *MI* DIÈSES ACCIDENTELS.

928.
F

929.
C

930.
J
♩=80.
931.
V
♩=35.
tr
tr
932.
C
♩=40.
933.
U
♩=100.
934.
U
♩=80.

935.
♩=75.
936.
♩=100.
937.
♩=70.
938.
♩=65.
939.
♩=60.

Fin.
940
= 25.
J
941.
= 25.
O
942.
= 100.
O
I et II.
943.
= 40.
P
944.
= 25.
A

945.
946.
947.
948.
949.
950.
FIN.
tr

951.
♩. = 75.
952.
♩. = 25.
953.
♩. = 100.
FIN.
954.
♩. = 75.

TON DE MI BÉMOL. — MODE MINEUR.

J ET II.

960. *ré min.* A

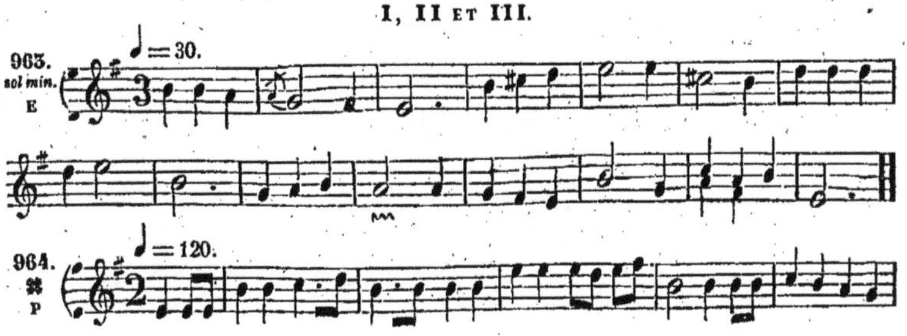

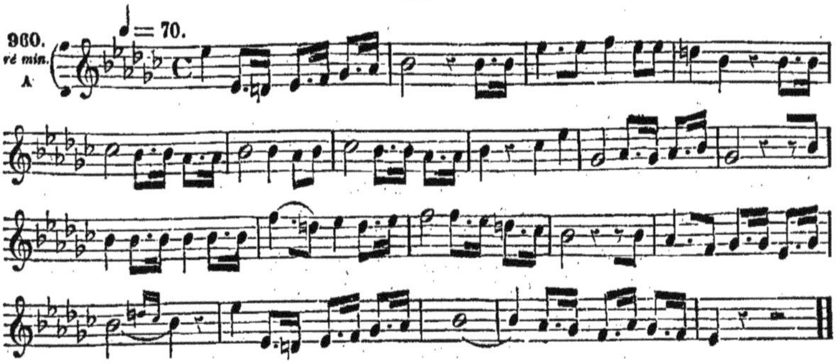

I.

961. *mi min.* T

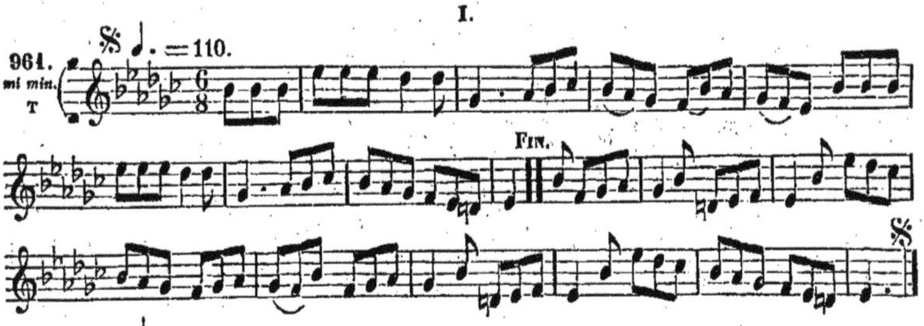

962. *mi min.* C

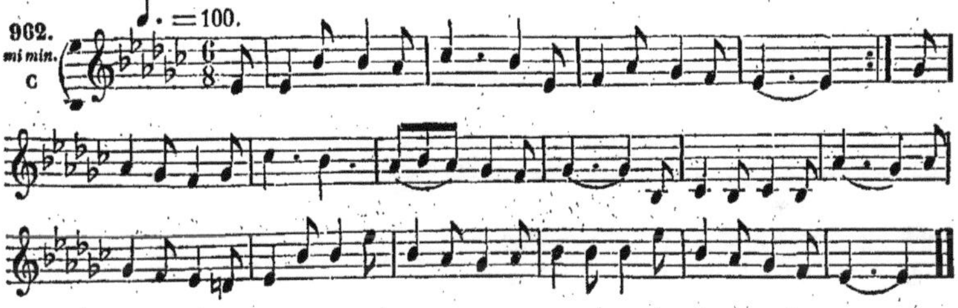

TON DE MI. — MODE MINEUR.

I, II et III.

963. *sol min.* E

964. ♯♯ P

965.
ré min.
D
♩=70.
966.
C
♩=70.
967.
sol min.
D
♩=30.
968.
M
♩=110.
969.
L
♩=50.

970.
S
♩ = 45.

971.
A
♩ = 30.

972.
sol min.
S
♩ = 100.

1.

973.
E
♩. = 30.

974. ♩. = 100.
ré min.
L

II.

975. ♩. = 75.

976. ♩. = 30.

RHYTHME MIXTE.

977. ♩ = 75.

TABLE DES AIRS

CONTENUS DANS LA PARTIE PRATIQUE DU *SOLFÉGE NATIONAL,*

AVEC L'INDICATION DU NOM DES AUTEURS ET DES OUVRAGES DONT ILS SONT EXTRAITS.

La classification spéciale du *Solfége national* fait que la plupart des 300 premières mélodies appartiennent à la catégorie des airs populaires. Afin d'éviter des répétitions inutiles, nous avons réuni, sous le titre d'*airs anciens*, tous les numéros des airs de cette espèce dont il nous a été impossible d'indiquer l'origine. — Pour le même motif, nous avons réuni les numéros de quelques airs allemands qui se trouvent dans cette collection, en les faisant suivre du nom des auteurs, lorsque nous l'avons pu. C'est donc à ces deux séries qu'il faudra recourir pour les numéros qui ne sont pas à leur rang dans la liste générale. — Tous les autres numéros sont suivis du nom des auteurs ou quelquefois seulement du titre de l'ouvrage dans lequel est employé un air dont l'auteur est inconnu.

La liste alphabétique des timbres des airs, qui terminera le *Solfége national*, complétera les indications de celle-ci.

Airs anciens dont les auteurs sont inconnus : Nos 4, — 8, — 9, — 12, — 15, — 17, — 20, — 25, — 26, — 28, — 34, — 36, — 40, — 43, — 45, — 46, — 50, — 51, — 59, — 60, — 71, — 73, — 74, — 75, — 79, — 83, — 88, — 89, — 90, — 93, — 101, — 102, — 108, — 114, — 118, — 121, — 122, — 128, — 129, — 133, — 136, — 147, — 151, — 158, — 173, — 176, — 177, — 187, — 190, — 212, — 216, — 217, — 218, — 226, — 229, — 238, — 241, — 244, — 245, — 247, — 249, 252, — 257, — 258, — 259, — 261, — (263 à 268), — 271, — 278, — 281, — 283, 284, — 285, — 287, — (289 à 291), — 293, — 296, — 298.

Airs allemands : 142 (Hahn), — 146 (Kunze), — 155, — 157, — 169, — 174, — 180 (Eberwein), — 191 (Methfessel), — 192 (Bœhner), — 193, — 194, — 195, — 197, — 199, — 202, — 203, — 205, — 206 (Reichardt), — 208 (Weber), — 235 (Model).

1. Air attribué à Campra ou à Rameau.
2. Doche, vaudev. de la *Barrière du Mont-Parnasse*.
3. Dufresny, air d'une chanson du même auteur.
5. Air saintongeois.
6. Air languedocien.
7. *Les Vacances des Procureurs,* comédie.
10. Rameau, air du *Tambourin*.
11. Air languedocien.
13. Ducauroy, *Charmante Gabrielle*.
14. Air dit de la *Pantoufle*.
16. Gillier, air populaire.
18. Collet.
19. Hippolyte, vaudeville de la *Vieillesse de Fontenelle*.
21. Rameau, *Isis*, ballet.

22. Gillier, romance
23. Air du *Canon autrichien*.
24. Air d'une chanson de Lattaignant.
27. Wicht, *Sophie Arnoult*, vaud.
29. Laujon.
30. Lusse, romance de *Mysis et Zara*, par le cardinal de Bernis.
31. Blanchard, *Les Cancans*, vaudeville.
32. Blaise, chanson de Lattaignant.
33. Pus, *Le Saint déniché* vaud.
35. Albanèse, chanson de Parny.
37. Air d'*Un Dîner à Pantin*, vaudeville.
38. Blaise, chanson de Vadé.
39. Gaveaux, *Le Diable couleur de rose*, op.-com.
41. Doche, *Le petit Courrier*, v.
42. Albanèse, romance du cardinal de Bernis.
44. Gillier, chanson de Collé.
47. Air d'une chanson attribuée à Voltaire.
48. Lusse, romance d'*Apollon et Daphné*, par Marmontel.
49. Romance de *la Rose*.
52. Guichard, ch. de Garnier.
53. J. Pain, *Rien de trop*, vaud.
54. Blaise, chanson de Vadé.
55. Le Gat, chanson de La Garde et de Vadé.
56. Campra, chanson ancienne.
57. Dalvimare, romance du *Troubadour*.
58. Ducray-Duminil, chanson du même auteur.
61. Laujon, chanson du même auteur.
62. Ch. Lis, romance.
63. Air de la rom. *L'Espérance*.
64. Air de *La Négresse*, vaudev.
65. Désaugiers père, *Les Jumeaux de Bergame*, op.-com.
66 Nadermann, romance
67. Blaise, chanson de Vadé.
68. Valse employée dans *Le Pauvre Diable*, vaudeville.

69. J.-J. Rousseau, air d'une romance de lui sur 3 notes.
70. Air d'une chanson attribuée à Voltaire.
72. Air de chasse employé par Méhul dans l'ouverture du *Jeune Henri*.
76. Lusse, romance de *Triton et l'Aurore*
77. Wicht, *Rabelais*, vaudev.
78. Air de *Paris à Pékin*, vaud.
80 Dalayrac, *Soirée orageuse*, op. com.
81. Air de *La Catacoua*.
82. Air des *Amours de Bastien et Bastienne*, vaudeville.
84. Air de *La Sabotière*.
85. Martini, *L'Amoureux de quinze ans*, op.-com.
86. Gillier, chanson de Collé.
87. Mondonville, chanson de Bonneval.
91. Air d'une ch. de Mélinet.
92. Air de la romance de Verne sur la mort de sa femme.
94. Mondonville, *La Boulangère*, chanson ancienne.
95. Air employé dans *La Matrone d'Ephèse*.
96. Air du *Ballet des Pierrots*.
97. Air de *La Zéphyre*, contredanse.
98. Grétry, *Lucile*, op.-com.
99. Air de *La Périgourdine*.
100. Persuis, ballet de *L'Epreuve villageoise*.
103. Dalayrac, *Soirée orageuse*, op.-com.
104. Philidor, *Les Fleurettes*, chanson de Favart.
105. Durelief, air employé dans *Les Epoux de trois jours*, vaud.
106. Blaise, *Les On dit*, chanson.
107. Air ancien, employé dans *La Veillée villageoise*, vaud.
109. Air allemand, employé dans *Les Hasards de la guerre*, vaudeville.
110. Wicht, *Gessner*, vaudev.

111. DAUVERGNE, chanson de Favart.
112. Air ancien, employé dans *Les Amours d'Eté*
113. SIMON, chanson de Fabre-d'Eglantine.
115. MICHEL, *Ida*, vaudeville.
116. Air de *La Carmagnole*.
117. Air ancien, employé par Désaugiers.
119. Air ancien, employé dans *Les Amours d'Eté*.
120. DALAYRAC, *Cange*, op.-c.
123. BLAISE, air du *Batelier*.
124. Air de *La Galopade*.
125. DUNY, *Le Diable à quatre*, op.-com.
126. MONSIGNY, *Le Roi et le Fermier*, opéra.
127. WICHT, *La Vallée de Barcelonnette*, vaudeville.
130. DOCHE, *Au feu!* vaudev.
131. J.-J. ROUSSEAU, rom. de lui.
132. BLAISE, *Les Vendanges de Surene*, vaudeville.
134. GRÉTRY, *L'Epreuve villageoise*, op.-com
135. Air ancien, employé dans *Pauline*, vaudeville.
137. ALBANÈSE, ch. de Berquin.
138. RAMEAU, air employé dans *Les Vendangeurs*, vaudev.
139. Air de *La Villageoise*, contredanse.
140. Air limousin, emp. par Piis.
141. Piis, *Santeuil et Dominique*, vaudev.
143. Allemande employée dans *Les Maris sans femmes*.
144. Air du *Pas russe*.
145. Air d'une ch. de Pannard
148 GRÉTRY, *l'Epreuve villageoise*, op.-com
149. LAUJON, *Nina*, chanson du même auteur.
150. Air languedocien.
152. Allemande employée dans *Les Deux Jocrisse*.
153. MONDONVILLE, chanson.
154. MOURET, *Les Ressemblances et les Différences*, chanson de Pannard.
156. MONSIGNY, *Rose et Colas*, op.-com.
159. GAVEAUX, chœur final du *Bouffe et le Tailleur*.
160. TOURTERELLE, *Pinson*, vaud.
161. Air employé dans *La Danse interrompue*, vaudeville.
162. DOCHE, romance.
163. Air du vaudeville final du *Comte Ory*.
164. DOCHE, *Les Amazones*, vaud.
165. Air employé dans *Gaspard l'Avisé*, vaudev.

166. DOCHE, *La Tasse de chocolat*, vaudev.
167. MONDONVILLE, chanson d'Haguenier.
168. MICHEL, *Encore un Pourceaugnac*, vaudev.
170 DUCAUROY, air d'un Noël.
171. Air employé dans *Favart aux Champs-Elysées*, vaud.
172. Air lyonnais.
175. PHILIDOR, ch. de Grécourt.
178. Air de *La Fête d'Amour*, opéra-comique.
179. PRADHER, *Bouton de rose*, paroles de Mme Bourdié-Viot
181. GRÉTRY, *Pierre le Grand*, opéra-comique.
182. Mme GAIL, romance.
183. J.-J. ROUSSEAU, *Le Devin de Village*, op com.
184. Air ancien, employé dans *Cendrillon*, op.-com
185. DOCHE, *La Chaumière moscovite*, vaudev.
186. Air de *L'Ignorante curieuse*, chanson
188. MEISSONNIER, romance de Capelle
189 MOURET, ch. de Pannard.
196. GRÉNIER, ch. de Moncr.f.
198. Canon, par ***.
200. GILLIER, *Gare le pot au noir*, chanson de Pannard.
201 et 204 Airs limousins, employés par Piis.
207. DAUVERGNE, *Les Losanges*, chanson de Pannard.
209. Air d'une tyrolienne.
210. DOCHE, *Brouette à vendre*, vaudeville
211. Air d'une chanson de Martainville.
213. Air du vaudeville de *L'Ile des Femmes*.
214. Air ancien, employé dans *Pauline*, vaudeville.
215 SOLIÉ, *Le Secret*, op.-com.
219. Air de *La Kalenda*.
220 Air employé dans *Bastien et Bastienne*, vaudeville.
221. Air du menuet, dit de *Carlin*.
222. BOCHSA, romance.
223 PLANTADE, *Zélie*, romance
224. Air saintongeois, sur lequel M. de Châteaubriand a fait sa jolie romance: *Combien j'ai douce souvenance.*
225 DOCHE, *Moliere à Lyon*, v.
227. Air ancien, employé dans *Les Deux Valentin*, vaudev.
228 Air d'une chanson de Vadé.
230. HÉROLD, *Marie*.
231. Air limousin, emp. par Piis.
232. J.-J. ROUSSEAU, *Le Devin de Village*, opéra.

233. Air employé dans *Annette et Lubin*, vaudeville.
234 Air d'une chanson de la comtesse de Beauharnais.
236 BOÏELDIEU, *Charles de France*, opéra.
237. Air suisse, employé dans *Les Femmes romantiques*, vaudeville.
239 Air saintongeois.
240. Air d'une chanson de Collé.
242. BLAISE, *Le Tonnelier*, op.-comique
243 Air de la chanson de La Monnaie, sur la mort de M. de La Palisse.
246. DOCHE, *La Belle au bois dormant*, vaudeville
248. PROPIAC, ronde de *Cadichon*, vaudeville.
250. Air des *Ecosseuses*, employé par Désaugiers.
251. Air de la *Générale*, chanson de Laujon.
253 Air de *La Danse interrompue*, vaudeville.
254 Air d'une ronde de Collé.
255 J.-J. ROUSSEAU, chanson de Ribouté.
256 BLAISE, *Le Tonnelier*, opéra-comique.
260 Mme DUCHAMBGE, *Le Matelot*, romance.
262. Air ancien, employé dans *Les Vendangeurs*, vaudev.
269. GILLIER, chanson de Pannard.
270 LALANDE, chanson de Regnard.
272. DOCHE, *La Chaumière*, romance.
273. DOCHE, *Jeanne d'Arc*, vaudeville.
274 AL. PICCINI, *La Fille mal gardée*, ballet.
275. LAMBERT, chanson ancienne.
276 Air d'une chanson de Vadé.
277 PHILIDOR, romance de La Harpe.
279. Air saintongeois.
280. Air de la complainte du Maréchal de Saxe.
284. DUCAUROY, air d'un Noël.
286. Air ancien, employé dans *Les Sabotiers béarnais*, vaud.
288. MOURET, *Le Pouvoir de la Beauté*, chans. de Pannard.
292. GILLIER, chanson de Vadé.
294 BLAISE, *Le Tonnelier*, op.-c.
295. GAVEAUX, *Cadichon*, vand.
297. DOCHE, *La Coquette sans le savoir*, vaud.
299. Air d'une ch. de Bainville.
300. Air languedocien.

301. Air du *Carillon de Ven-
dôme*.
302. Air du *Carrosse*.
303. Ducray-Duminil, *Lou petit
Marmot*, chanson savoyarde.
304. Dorat, chanson (paroles et
musique par).
305. Boieldieu, *Ma Tante Aurore*, opéra comique.
306 Doche, *La belle Blanchis-
seuse*, vaud.
307. *La Monaco*, contredanse.
308. Grétry, *Colinette à la
Cour*, opéra.
309. Doche, *Santeuil et Dominique*, vaudeville.
310. Lafont, *Devine-moi*, romance.
311. Dalayrac, *L'Amant statue*, opéra comique.
312. Désaugiers, air ancien
refait par lui.
313. Romagnési, romance.
314. Pézai, chanson.
315. Doche, *Les Fiancés*, vaud.
316. Air ancien (*Y a d'l'oynon*).
317. Doche, *Gaspard l'Avisé*,
vaudeville.
318. Doche, *Monsieur Guillaume*, vaudeville.
319. Air créole employé dans
Les Habitants des Landes.
320. Doche, *Sophie*, vaud.
321. Air ancien.
322. Martini, *L'Amoureux de
quinze ans*.
323. Air ancien employé dans
Les Amours 'été.
324. Lusse, *Edwin et Emma*,
romance.
325. Air ancien.
326. Air ancien.
327. Air ancien.
328. Air ancien.
329. Collé, chanson.
330. Doche, *La Leçon e Bota-
nique*, vaudevil e.
331. Darondeau, *Le Château
de mon Oncle*, vaudevi le.
332. Baroco, *F ontin Mari-
Garçon*, vaudeville.
333. Laujon, chanson.
334. *God save the King*, air national anglais, attribué à Lulli.
335. Lamparelli, romance.
336. H. Monpou, *Chauvin et
Jeanneton*, rom. burlesque.
337. Gaveaux, *Le Petit Matelot*,
opéra-comique.
338. Bianchi, romance.
339. Doche, *Le Portrait de
Fie ding*, vaudeville.
340. Doche, *La Belle au-Bois-
dormant*, vaudeville.
341. Méhul, *Joseph*, opéra.
342. Air ancien.

343. Air employé dans *Vadé à
la Grenouillere*.
344. Mlle Candeille, *La Belle
Fermiere*, comédie.
345. Air ancien employé dans
Pauline, vaudeville.
346. Tourterelle, *Jocrisse aux
Enfe s*, vaudeville.
347. Béancourt, *Catinat à St.-
G atien*, vaudeville
348. Cousin Jacques, *Club des
bonnes Gens*, opéra com.
349 Cousin Jacques, romance.
350. Doche, *Sterne*, vaudeville.
351. Doche, *Haine aux Femmes*, vaudeville.
352. Cousin Jacques, chanson
353 Air ancien.
354. Tourterelle, *Quinze ans
d'absence*, vaudeville.
355. Grétry, *L'Amitié à l'é-
p: euve*, opéra-comique
356. Cousin Jacques, chanson
357 Gros de la Neuville,
chanson de Pannard.
358. *L'Ecu de six f ancs*, vaud
359. Dalayrac, *Ma ianne*, opéra-com que.
360. Martini, *Le Droit du Sei
gneur*, opéra comique.
361. Solié, *Chapitre second*,
opéra-comique.
362. De la Borde, chanson.
363. Mme Martainville, *Il re-
viendra demain matin*. rom.
364. Ferrari, chanson de l'abbé
Garon
365. *Les Deux Valentin*, vaud.
366 Kreutzer, *Ari tippe*, op.
367. Doche, air employé dans
Les Chevilles de Maître Adam.
368. Hippolyte, *Les Payes au
Sérail*, vaudeville
369 De Tissier, chanson de la
Marq. d'Antremont, employée
dans le *Mariage de Figaro*
370 Mengozzi, ch. de Ségur.
371. *La Fille en Loterie*, vaud.
372. Grétry, *Le Mariage d'An-
tonio*, opéra-comique.
373. *La Cosaque*, contredanse.
374. Haydn, chant national al
lemand.
375. Foignet père, *Les Petits
Montagnards*, vaudeville.
376 Air ancien.
377 Doche, *La belle Ma ie*,
opéra-comique.
378. Pus, chanson.
379. Pradher, *La Rose*, rom.
380. Air ancien employé par
Lattaignant.
381. Air montagnard.
382. Campra, *Le Moyen de
réussir*, chanson de Pannard
383. Villeneuve, chanson anc,

384. Devienne, *Le Cousin de
tout le Monde*, comédie.
385. Air employé dans *Amour
et Myste e*, vaudeville.
386 Dezède, *Le Barbier de Sé-
ville*, comédie.
387. Grétry, *Guillaume Tell*,
opéra-comique.
388 Air employé dans *Le Chô-
teau et la Chaumière*, vaud
389 Air ancien.
390. Air d'une chanson attribuée
au Régent.
391. Air anglais employé par
Vadé.
392. Doche, *La jolie Fiancée*,
vaudeville.
393 Doche, *Le Château et la
Chaumie e*, vaudeville.
394. Doche *Le Con lisan dans
l'emba ras*. vaudeville
395. Air ancien.
396. *Pauv e Jacques*, vaud.
397 Air ancien
398. De Villeneuve, air de
chasse.
399. Air ancien.
400. Champein, *Lanval et Vi-
viane*, vaudeville.
401. Air ancien.
402. Air employé dans *Le Nécessaire et le Superflu*, vaud
403. *Folies d'Espagne*.
404 Cantique de Saint-Hubert,
par Vadé.
405 Air ancien.
406 Air ancien.
407 Air ancien
408 *Jean Monnet*, vaudeville.
409 Air ancien
410. Gaveaux, *Le Diable couleur de rose*, opéra-comique.
411. Philidor, chanson popul.
412. Air ancien.
413. Air ancien.
414. Grétry, *L'Ep euve Villageoise*, opéra comique.
415. Air ancien.
416. Air ancien employé dans
Un Dîner à Pantin, vaud.
417. Chanson de Collé.
418. Romance de Léonard.
419. *La Camargo*, contredanse
420. Air employé dans *La Ten
tation de saint Antoine*.
421. Laujon, chanson.
422. Blaise, chanson de Gallet.
423. Air normand.
424. Cousin Jacques, *Le Club
des bonnes Gens*, op.-com.
425. Albanèse, romance de Berquin.
426. Chanson du cardinal de
Bernis.
427. Laujon, chanson.
428. Campra, chanson de Collé.

429. Doche, *Favart à Bruxel-les*, vaudeville.
430. Doche, *Le Séducteur en voyage*, vaudeville.
431. Nadermann, romance de Vieillard.
432. Doche, *Le Petit Timba-lier*, vaudeville.
433. Cousin Jacques, chanson.
434. Air du *Mirliton*.
435. Doche, *Oui ou Non*, vaud. (*Le Vin, le Jeu et les Femmes*).
436. Doche, *Le Vaudeville au Village*, vaudeville.
437. Gaviniez, chanson.
438. Dauvergne, *Le Fleuve l'Oubli*, chanson de Collé.
439. Mlle Candeille, *La Jeune Hôtesse*.
440. Monpou, *Le Lever*, rom. d'Alfred de Musset.
441. Doche, *Frosine*, vaud.
442. Rodolphe, chanson de *L'A-veugle de Palmyre*, opéra.
443. Doche, *Voltaire chez Ni-non*, vaudeville.
444. Doche, *La Belle au-Bois-dormant*, vaudeville.
445. Mouret, ch. de Pannard.
446. Doche, *Val de Vire*, vaud.
447. Blanchard, air populaire du *Tra la la*, arrangé par lui.
448. Doche, *Gaspard l'Avisé*, vaudeville.
449. Wicht, *Lasthénie*, vaud.
450. A. Piccini, *La Servante justifiée*, vaudeville.
451. Philidor, *Le Bûcheron*, opéra-comique.
452. Albanèse, air employé par Désaugiers.
453. Doche, *Les Amazones*, vaudeville.
454. Doche, *Les Amazones*, vaudeville.
455. Boieldieu, *Le Calife de Bagdad*, opéra.
456. Doche *Au Feu!* vaud.
457. A. Piccini, *Arlequin Mu-sard*, vaudeville.
458. Dom ieu, *Charmant Ruis-seau*, romance.
459. Air employé dans *Frosine*, vaudeville.
460. Air employé dans *Le Poète satirique*, vaudeville.
461. Doche, *Gentil Bernard*, vaudeville.
462. Doche, *Les Deux Lions*, vaudeville.
463. Doche, *Le Voile d'Angle-terre*, vaudeville.
464. Foignet, *Le Val de Vire*, vaudeville.
465. Doche, *Les Maris sans Femmes*, vaudeville.

466. Doche, *Le Mameluck*, vaud.
467. Devienne, *Les Visitandi-nes*, opéra comique.
468. Dalayrac, *Le Corsaire*, opéra-comique.
469. Doche, *Les Limites*, vaud.
470. Air employé dans *Les Deux Gaspard*, vaudeville.
471 Air ancien
472. Doche, *Le Séducteur en voyage*, vaudeville.
473. Dezède, *Julie*, op-com
474. Désaugiers père, *Florine*, opéra-comique.
475. *La Béquille du père Bar-naba*, chanson de Collé.
476. Dezède, *L'Erreur d'un moment*, opéra.
477. Le Bon T***, chanson de Dufrény.
478 Doche, *L'Hôtel du Mongol*, vaudeville
479 Air employé dans *Gascon et Normand*, vaudeville.
480. Doche, *La Dansomanie*, vaudeville.
481. Mengal, rom. historique.
482. Gaveaux, *Traité nul*, opé-ra comique.
483. Doche, *Les Fiancés*, vaud.
484. Doche fils, *La Maison du Faubourg*, vaudeville.
485. Doche, *Le Marin*, vaud.
486. Hullin, air employé dans *Le Salomon de la rue de Chartres*, vaudeville.
487. Doche, *Chevalier d'Eon*, vaudeville.
488 Doche, *La jeune Mère*, vaudeville.
489 Méhul, romance
490. Lebrun, *Marcelin*, op.-c.
491. Lebrun, *Marcelin*, op.-c.
492. Laujon, chanson.
493. Chanson de Gallet.
494. Al. Piccini, *L'Apparte-ment à deux Maître*, vaud.
495. Boieldieu, *Charles de France*, opéra.
496. Cousin Jacques, *Le Club des bonne Gen*, opéra.
497 J. Pain, *Fanchon la Viel-leuse*, vaudeville
498. *Christophe Dubois*, vaud.
499. Gillier, chanson de Collé
500. Doche, *Thibault*, vaud.
501. L. Jadin, *Honorine*, vaud.
502. Michel, air employé dans *Les Singe*, vaudeville.
503. Doche, *Sophie*, vaudeville
504. Hippolyte, *L'Epicurien*, chanson d'Haguenier.
505. Kreutzer, *Paul et Virgi-nie*, opéra-comique.
506. Doche, *Les Pages au Sé-rail*, vaudeville.

507. Kreutzer, *Paul et Virgi-nie*, opéra-comique.
508. Blangini, *Je t'aimerai*, romance.
509. Duny, *Les Deux Chas-seurs*, opéra comique.
510. Berton, *Le Château de Monténéro*, opéra-comique.
511. Doche, *Les Hasards de la Guerre*, vaudeville.
512. Doche, *L'Arbre de Vin-cennes*, vaudeville.
513. Nadermann, romance de Hureau.
514. Doche, *Procès du Fan-dango*, vaudeville.
515 Doche, *Les Deux Pères*, vaudeville.
516 Laborde, chanson.
517. Michel, *Ida*, vaudeville.
518. Dalayrac, *Philippe et Georgette*, opéra.
519 Doche, *Les Amazones*, vaudeville.
520. Air d'une chanson milit.
521. Doche, *Tu enne*, vaud.
522. Wicht, *L'Avare et son Ami*, vaudeville.
523. Chardini, chanson de Fa-bien Pillet.
524. Chardini, *La Petite Na-nette*, opéra.
525. Missonnier, chanson de Sewrin.
526. Air employé dans *Colallo*, vaudeville.
527. Darondeau, *Le Roi et le Félin*, vaudeville.
528. Air de *Cassandre oculiste*, vaudeville.
529. Bouffet, *Le Ménage de Garçon*, chanson de J. Pain.
530. Grétry, *Le Rival confi-dent*, opéra-comique.
531. Dalayrac, *Raoul de Cré-qui*, opéra-comique.
532. Dalayrac, *Alexis*, op.-c.
533. Wilhem, romance.
534. Air employé dans *Arlequin afficheur*, vaudeville.
535. Air employé dans le *Ma-riage de Scarron*, vaud.
536. Pus, *Santeuil et Domini-que*, vaudeville.
537. Mouret ch. d'Haguenier.
538. Air employé dans la *Ves-tale de Désaugiers*.
539. Lusse, chanson de Favart.
540. *La Semaine du Paysan*, chanson.
541. Martini, *L'Amoureux de quinze ans*, opéra-comique.
542. Doche, *Poète satirique*, vaudeville
543. Blaise, *Annette et Lubin*, vaudeville.

544. *Le Prix*, vaudeville.
545. Air languedocien employé dans *Les Deux Gaspard*, vaudeville.
546. Air ancien employé dans *Les Vendangeurs*, vaud.
547. GILLIER, *L'Horoscope*, chanson de Pannard.
548. CHAMPEIN, *Le Poëte suppo é*, opéra-comique.
549. DEZÈDE, *Alexis et Justine*, opéra comique.
550. Air ancien.
551. Air ancien.
552. COUSIN JACQUES, romance.
553. Air ancien.
554. DEVIENNE, *Clémence Isaure*, romance de Florian.
555. Air employé dans la complainte de *l'Enfant p odigue*.
556. *Le Buveur savant*, chanson de Dufresny.
557. MÉHUL, *Héléna*, op -com.
558. Air de la *Dansomanie*, ballet.
559. Ronde d'*Angéline*, vaud.
560. DOCHE. *Rien de t op*, vaud.
561. GRÉTRY, *La Rosière de Salency*, opéra-comique.
562. Air ancien, chanson de Maitre Adam.
563. *Thibault, comte de Champagne*, vaudeville.
564. Air employé dans *Comme ça vient, comme ça passe*, vaud.
565. Air employé dans *Le Prix*, vaudeville.
566. LAUJON, air employé dans *Lantara*, vaudeville.
567. Air ancien.
568. TOURTERELLE, *La Famille moscovite*, vaudeville.
569. LAUJON, chanson.
570. BLAISE, *Annette et Lubin*, vaudeville.
571. Air de *Monsieur le Prévôt des marchands*, chanson anc.
572. DOCHE (air de).
573. DOCHE, *La jeune Mère*, vaud.
574. LAMPARELLI, *Gentil-Bernard*, vaudeville.
575. Chanson d'Haguenier.
576. DOCHE, *Les Vélociféres*, vaudeville.
577. DOCHE, *La jeune Mère*, vaud.
578. LAMBERT, ronde bachique.
579. COUSIN JACQUES, romance.
580. MONSIGNY, *La Chercheuse d'esprit*, opéra-comique.
581. *La Sauteuse*, valse.
582. DEZÈDE, *La Cinquantaine*, opéra comique.
583. DALAYRAC, *Gulnare*, op-c.
584. DOCHE, *Sophie*, vaud.
585. CHAMPEIN, *Les Dettes*, op.-c.
586. LAUJON, chanson du *Mai*.

587. GILLIER, *Arlequin, roi de Sé endib*, vaudeville.
588. LAUJON, *La Vaporeuse*, ch.
589. Air ancien.
590. DOCHE, *Les Avant-postes*, vaudeville.
591. DUCAUROY, ch. d'Henri IV.
592. DOCHE, *Le Piége*, vaud.
593. Chanson de Rochon de Chabannes.
594. LUSSE, chanson de Favart.
595. DOCHE, *La Robe et les Bottes*, vaudeville.
596. Chanson d'Ussieux.
597. DOCHE, *Le Paysan de Baréges*, vaudeville.
598. DOCHE, *Agnès Sorel*, vaud.
599. MARTINI, ch. de Boufflers.
600. SOLIÉ, *Le Temps*, chanson de Ségur jeune.
601. DOCHE, *La Robe et les Bottes*, vaudeville.
602. TRIAL FILS, *Le Siége de Lille*, opéra-comique.
603. DOCHE, *Les Amazones*, vaud.
604. MOMIGNY, *Jeanne d'Arc*, vaudeville.
605. Air ancien.
606. DOCHE, *Les Limites*, vaud.
607. GAVEAUX, *Le Diable couleur de rose*, opéra-comique.
608. Air ancien.
609. DÉSAUGIERS PÈRE, *Florine*, vaudeville
610. TOURNAY, *Le vieux Chasseur*, vaudeville.
611. COUSIN JACQUES, *Le Club des bonnes Gens* op. com.
612. BLANCHARD, *Les jolis Soldats*, vaudeville.
613. DOCHE, *Lantara*, vaud.
614. Mme MARTAINVILLE, *Les Regrets*, romance.
615. PLANTADE, *Palma*, op.-c.
616. Air employé dans le *Prix*, vaudeville.
617. Chanson de Lepricur.
618. WICHT, *Les Deux Veuves*, vaudeville.
619. DOCHE, *Le Château de mon Oncle*, vaudeville.
620. BOIELDIEU, *Le Calife de Bagdad*, opéra-comique.
621. Air ancien.
622. Air ancien employé dans *Les Vendangeurs*, vaud.
623. DOCHE, *Do at*, vaudeville.
624. Air ancien employé dans *Les Gascons*, vaudeville.
625. RODOLPHE, *L'Aveugle de Palmyre*, opéra.
626. DALAYRAC, *Nina*, op. com.
627. MONSIGNY, *On ne s'avise jamais de tout*, opéra.
628. GRÉTRY, *Les Événements imprévus*, opéra.

629. MARQUE, chanson.
630. DOCHE, *Une visite à Bedlam*, vaudeville.
631. GRÉTRY, *Le Comte d'Albert*, opéra-comique.
632. GAVEAUX, *Le Locataire*, opéra-comique.
633. *La Matrone d'Ephèse*, vaud.
634. Romance.
635. GILLIER, ch. de Pannard.
636. LAUJON, chanson.
637. DOCHE, *La Tasse de chocolat*, vaudeville.
638. Air ancien employé par Désaugiers.
639. Air ancien employé dans *La Danse interrompue*, vaud.
640. DELLA MARIA, *Le Prisonnier*, op. com.
641. DELLA MARIA, *L'Opéra-Comique*, vaudeville.
642. DOCHE, *Les t ois Fous*, vaud.
643. VACHER, romance.
644. MÉHUL, *Joseph* (air des *Hirondelles*, de Béranger).
645. DOCHE, *Le Voile d'Angleterre*, vaudeville.
646. Mme LEPREUX, *Anacréon*, chanson de Piis.
647. Chanson de Clément Marot.
648. DOCHE, *Fanchon la Vielleuse*, vaudeville.
649. MURGER, romance.
650. COUSIN JACQUES, *L'Histoire universelle*, vaudeville.
651. Valse russe.
652. BOSQUIER, *Les Plaideurs, e Racine*, vaudeville.
653. BIANCHI, romance de Dieu-Lafoy.
654. DÉSAUGIERS PÈRE, *Les Deux Jumeaux de Bergame*, op.-c.
655. FÉTIS, *Les Sœurs jumelles*, opéra.
656. DREUILH, romance.
657. Air ancien.
658. DEVIENNE, romance d'*Estelle*, par Florian.
659. MAISSONNIER, *A bre flétri*, romance.
660. Air ancien employé dans *Annette et Lubin*, vaudeville.
661. PHILIDOR, ch. de Boufflers.
662. DÉSAUGIERS, *Le Départ pour Saint-Malo*, vaud.
663. CHAPELLE, *L'Heureux Dépit*, opéra-comique.
664. *La Psyché*, valse.
665. DALAYRAC, *Sargines*, op -c.
666. Air ancien.
667. Air ancien employé dans *La Veillée villageoise*, vaud.
668. MOURET, chanson de table.
669. Air ancien employé par Pannard.
670. COUSIN JACQUES, romance.

671. Chanson de Vimeux.
672. Ducauroy, canon.
673. Air languedocien.
674. Air savoyard.
675. Nicolo, *Jeannot et Colin*, opéra-comique.
676. Air ancien.
677. Air ancien.
678. Cousin Jacques, *Le Club des bonnes Gens*, op.-com.
679. Doche fils, *Le Mari par intérim* (valse du vaudeville).
680. Air ancien
681. Air russe.
682. Albanèse, ch. de La Motte.
683. Mouret, ch. de Pannard.
684. Dezède, *Blaise et Babet*, opéra-comique.
685. Air ancien.
686. Darondeau, *Fêtes d'Eleusis*, pas redoublé.
687. Doche, *Florian*, vaud.
688. Air ancien.
689. Martini, rom. de Florian.
690. Piis, *Le Saint déniché*, vaudeville.
691. Martini, *L'Amoureux de quinze ans*, vaudeville.
692. Air employé dans la *Tentation de saint Antoine*.
693. Lagarde, air de chasse employé dans *Florian*, vaud.
694. Doche, *Les Solitaires de Normandie*, vaudeville.
695. Doche, *Amour et Mystère*, vaudeville.
696. Doche, *Les Marieurs écossais*, vaudeville.
697. Doche, *La jeune Mère*, vaud.
698. Doche. *Ida*, vaudeville.
699. Air ancien.
700. Gaveaux, *Cadichon*, vaud.
701. Doche, *Le Rêve en action*, vaudeville.
702. Chardini, *Les Préventions*, vaudeville.
703. *A quelque chose malheur est bon*, ch. de Pannard.
704. Air ancien.
705. Doche, *Haine aux Femmes*, vaudeville.
706. Solié, *Le Secret*, op.-com.
707. Delvimare, romance de Châteaubriand.
708. Doche, *Psyché*, vaudeville.
709. *Les Valets de campagne*, vaudeville.
710. Doche, *Le Duel par la croisée*, vaudeville.
711. Doche, ch. de Ségur aîné.
712. Air ancien.
713. Doche, *Sophie*, vaudeville.
714. Cousin Jacques, romance.
715. *Fanfare de Saint Cloud*, air de chasse
716. Air employé pour une chans.

d'Armand Gouffé, *La Folle*.
717. Michel, *Les Préventions*, vaudeville.
718. Vial (chanson de) employée dans *Gascon et Normand*, vaudeville.
719. Air ancien.
720. Tourterelle, *La Ferme et le Château*, vaudeville.
721. Piis, chanson.
722. Foignet père, *Michel Cervantes*, opéra.
723. Contredanse de *Nina*.
724. Gaveaux, romance de Desjardins.
725. Grétry, *Anacréon*, opéra.
726. Chardini, *Colombine mannequin*, vaudeville.
727. Blanchard, *L'Intérieur d'une Étude*, vaudeville.
728. Guglielmi, Hymne à la Paix, employée dans *La Vallée de Montmorency*, vaud.
729. Air employé dans *L'Anglais à Bagdad*, vaudeville.
730. Devienne, romance d'*Estelle*, de Florian.
731. Doche, *Irons-nous à Paris?* vaudeville.
732. Air ancien.
733. Devienne, romance.
734. Gérard, vaudeville.
735. Weber, valse de *Robin des Bois*.
736. Dourlen, romance.
737. Dourlen, romance.
738. Nicolo, *Prise de Passau*, opéra-comique.
739. Doche, *Ninon, Molière et Tartuffe*, vaudeville.
740. Pas redoublé.
741. Romagnési, *La Richesse de celui qui n'a rien*, chanson de Capelle.
742. Tourterelle, romance.
743. Brun, *Claudine*, op.-com.
744. Air de *Monsieur Partout*, v.
745. Berton, *Montano et Stéphanie*, opéra-comique.
746. Air des *Deux Matinées*, v.
747. Doche, *La bonne Servante*, vaudeville.
748. Cousin Jacques, romance.
749. Gossec, Ronde du *Camp de Grand-Pré*.
750. Mme Fodor, romance.
751. Air employé dans *L'Ermite de Sainte-Avèle*, vaudeville.
752. Meissonnier, romance.
753. Wicht, *Voltaire chez Ninon*, vaudeville.
754. Salièri, *Tarare*, opéra.
755. J.-J. Rousseau, air employé dans *La Danse interrompue*,
756. Doche, *Les trois Soubrettes*, opéra-comique.

757. Dalayrac, *Nina*, op.-c.
758. Dalayrac. *Les Petits Savoyards*, opéra-comique.
759. Bianchi. chanson.
760. Air ancien.
761. Piis, chanson.
762. Trial fils, *Le Siége de Lille*, opéra-comique.
763. Grétry, *Anacréon*, opéra.
764. Gérard, romance.
765. Méhul, *Le Trésor supposé*, opéra.
766. J.-J. Rousseau, *Le Devin de Village*, opéra.
767. Romance de Mélina.
768. Doche, *Ninon, Molière et Tartuffe*, vaudeville.
769. Gaveaux, *La Famille indigente*, opéra-comique.
770. Nicolo, *Jeannot et Colin*, opéra-comique.
771. Dalayrac, *Gulistan*, op.-c.
772. Campra, *L'Europe galante*, opéra.
773. Nicolo, *Cendrillon*, op.-c.
774. Air ancien.
775. *Une Soirée des deux Prisonniers*, vaudeville.
776. Dalayrac, *L'Amant statue*, opéra.
777. Air ancien.
778. Campra, *L'Europe galante*, opéra.
779. Air ancien.
780. Dalayrac, *Alexis*, op.-c.
781. Air espagnol employé dans le *Procès du Fandango*, vaud.
782. Cantique de *Saint-Roch*, par Vadé.
783. Frey, romance.
784. Blanchard, *Les jolis Soldats*, vaudeville.
785. Grétry, *Richard*, op.-c.
786. *Les Auvergnats*, vaud.
787. Air ancien.
788. Doche, *L'Étourderie*, vaud.
789. Garat, romance.
790. *Le Bégayeur*, chanson de Pannard.
791. Kreutzer, *Lodoïska*, op.-c.
792. Air ancien employé dans *La Matrone d'Ephèse*, vaud.
793. Air ancien.
794. Gaveaux, *Le Réveil du Peuple*.
795. Doche, romance.
796. Laujon, ch. employée dans *Les Amours d'été*, vaud.
797. Tourterelle, *Les Habitants des Landes*, vaud.
798. Lusse. ch. de Moncrif.
799. Blaise, chanson de Vadé.
800. Doche, *La Partie carrée*, v.
801. La Place, chanson.
802. Air ancien employé dans *Elle et Lui*, vaudeville.

803. GRÉTRY, *Les Méprises par ressemblance*, opéra.
804. ALBANÈSE, chanson de Beaumarchais.
805. CHÉRUBINI, *Les deux Journées*, opéra.
806. BEAUVARLET ET CHARPENTIER, marche des Gardes du-corps.
807. ROMAGNÉSI, *J'étais vive, j'étais légere*, romance.
808. MOZIN, rom. de Capelle.
809. MOMIGNY, romance.
810. Air du *Faux Serment*.
811. WICHT, *Les Hasards de la guerre*, vaudeville.
812. AUBER, *Le Concert à la Cour*, opéra
813. DUCRAY-DUMINIL, chans.
814. DALAYRAC, *La pauvre Femme*, opéra-comique.
815. ROMAGNÉSI, *Si loin du port*, romance.
816. DALAYRAC, *Sargines*, op.-c.
817. MONDONVILLE, *In vino veritas*, chanson de Collé.
818. DOCHE, *Le Voyage à Chambord*, vaudeville.
819. CONSTANTIN, air employé dans *La Marchande de goujons*, vaudeville
820. Air ancien, employé dans *Une Journée chez Bancelin*, vaudeville.
821. BLANGINI, *L'Homme vert*, vaudeville.
822. DEVIENNE, rom. de Florian.
823. FABRI GARAT, romance.
824. Air ancien.
825. Air ancien.
826. NICOLO, *Aladin*, opéra (romance d').
827. *Je ne veux plu aimer*, rom.
828. DOCHE, *La Jalouœ mula e*, vaudeville.
829. BOIELDIEU, *Le Baiser et la Quittance*, opéra.
830. GROS DE LA NEUVILLE, rom.
831. ALBANÈSE, ch. de Bernard.
832. Air employé dans *Les deux Veuves*, vaudeville.
833. DARONDEAU, ch. du *Verre*, de Désaugiers.
834. DOCHE, *Le Menuet du Bœuf*, vaudeville.
835. Air ancien.
836. Chanson de Pannard.
837. GATAYES, *Le Raccommodement*, romance.
838. Air ancien.
839. COUSIN JACQUES, *L'Histoire universelle*, opéra-comique.
840. WICHT, *La Danse interrompue*, vaudeville.
841. AL. PICCINI, *Gilles en deuil*, vaudeville.

842. L. JADIN, *C'est égal*, chanson de Désaugiers.
843. DOCHE, *Les deux Pères*, vaudeville.
844. CHARLES, *Plus d'amour*, romance.
845. BÉRAT, *Le Château perdu*, vaudeville.
846. DALAYRAC, *L'Amant statue*, opéra.
847. GROS DE LA NEUVILLE, rom.
848. Mme GAIL, romance.
849. CAMPRA, ch. de Pannard.
850. NICOLO, *Le Billet de Loterie*, opéra.
851. DOMNICH, *La Volière*, vaud.
852. DALVIMARE, romance de Renaud de Montauban.
853. Air ancien employé dans *Annette et Lubin*, vaudeville.
854. PHILIDOR, *Le Bûcheron*.
855. Air ancien.
856. DOCHE, *Le Concert d'Amateurs*, vaudeville.
857. DOCHE, *Le Voyage à Chambord*, vaudeville.
858. DALAYRAC, *Renaud d'Ast*, opéra-comique.
859. CHARDINI, *Le Prix*, vaud.
860. DESAUGIERS PÈRE, *Florine*, opéra.
861. Air ancien.
862. CHAMPEIN, *Les Avant-Postes*, vaudeville.
863. PHILIDOR, *Le Maréchal ferrant*, vaudeville.
864. A. BEAUPLAN, barcarolle.
865. Air ancien employé dans *Annette et Lubin*.
866. DOCHE, *L'Arbre de Vincennes*, vaudeville.
867. Air ancien employé dans *Les Boxeurs*, vaudeville.
868. DALAYRAC, *Camille*, op.-c.
869. Complainte du *Maréchal de Saxe*, employé pour celle de *Fualdès*.
870. Air ancien.
871. DOCHE, *Florian*, vaudeville.
872. DUCRAY-DUMINIL, chanson.
873 DAUVERGNE, ch. de Collé.
874. BEAUREGARD, chanson de Dufresny
875. DOCHE, *Jeanne d'Arc*, vaud.
876. GILLIER, chanson de Piron.
877. Air ancien.
878. DOCHE, *La Vénus hottentote*, vaudeville.
879. COUSIN JACQUES, romance.
880. PORRO, ronde.
881. Chanson de Vadé
882. LEMIÈRE, rom. héroïque.
883. PHILIDOR, *Le Maréchal ferrant*, vaudeville.
884. WICHT, *Les Préventions d'une Femme*.

885. Air ancien employé dans *La Noce béarnaise*, vaudev.
886. PORRO, *Robin et Marion*, opéra, employé dans *Le Dîner de Madelon*, vaudeville.
887. WICHT, *Les Troubadours*, vaudeville.
888. SOLIÉ, *Honorine*, vaud.
889. WICHT, *Les Femmes Soldats*, vaudeville.
890. Air ancien.
891. LALANDE, *La Comédie et l'Opéra*, ch. de Pannard.
892. LAUJON, chanson.
893. Air ancien.
894. Air ancien dit de *La Fricassée*.
895. DE LABORDE, chanson de Plumeteau
896. DUNI, *Le Diable à quatre*, opéra.
897. MOURET, *Les Devises*, chanson de Pannard.
898. CHORON, *Madame Grégoire*, vaudeville.
899. DALAYRAC, *La Dot*, op.-c.
900. Air ancien, ch. de Gentil.
901. Air ancien employé dans *Arlequin afficheur*, vaud.
902. RAMEAU, ch de Moncrif.
903. Air populaire.
904. COUSIN JACQUES, chanson.
905 Air ancien.
906. MÉHUL, *Ariodant*, op.-c.
907. DOCHE, *Fanchon la Vielleuse*, vaudeville.
908. LA REINE HORTENSE, romance de Ségur.
909. GROS DE LA NEUVILLE, *Les Deux Suisses*, vaudeville.
910. MARTINI, *Le Droit du Seigneur*, opéra-comique.
911. Air employé dans *Les Chevilles de Maître Adam*, vaud.
912. LAMBERT, *Julie*, chanson.
913. BIANCHI, romance.
914. Air employé dans la *Chasse de Marly*, vaudeville.
915. DOCHE, *Le Fou de Péronne*, vaudeville
916. Air italien employé dans *Les deux Valentin*, vaud.
917. DOCHE, *Ida*, vaudeville.
918. J. J. ROUSSEAU, *Le Devin du Village*, opéra.
919. DUCRAY-DUMINIL, chanson de *La Croisée*.
920. CHARDINI, *La Senora malade*.
921. AUBER, *Honorine*, vaud.
922. SOLIÉ, *Le Jokey*, op.-com.
923. Air populaire employé dans *Cricri*, vaudeville.
924. Air ancien.
925. MONDONVILLE, *Encor viton*, chanson de Pannard.

926. WICHT, *Les Troubadours*, vaudeville.
927. Air ancien.
928. LAUJON, chanson.
929. LONGCHAMPS. *Comment faire?* vaudeville.
930. Air de *Jeannette*, employé dans *La Parisienne en Espagne*, vaudeville.
931. Air ancien.
932. COUSIN JACQUES, chanson.
933. MONSIGNY, *On ne s'avise jamais de tout*, opéra-com.
934. Air ancien retouché par Désaugiers.
935. Air ancien.
936. DOCHE, *Gentil-Bernard*, vaudeville.
937. L. JADIN. *Monsieur Sans-Géne*, vaudeville.
938. L. JADIN, *Amour et Mystère*, vaudeville
939. BLANCHARD, *J'ai d'l'argent*, chanson.
940. MEISSONNIER, romance.
941. PLANTADE, romance.

942. WICHT, *Le Mariage de Scarron*, vaudeville.
943 BLANGINI, romance.
944. Air ancien.
945. CHARDINI. *Les deux Panthéons*, vaudeville.
946. LAUJON, chanson
947. Romance de *Cœlina ou l'Enfant du mystère*.
948. DOCHE, *Le Bal bourgeois*, vaudeville.
949. BÉANCOURT. *Les sept Châteaux du Diable*.
950. GILLIER. ch. de Pannard.
951. GRÉTRY, *Anacréon*, opéra.
952. DEVIENNE, rom. de Florian.
953. DEZÈDE, *Blaise et Babel*, opéra comique.
954. Air ancien.
955. Air ancien employé dans *Le Prix*, vaudeville.
956. ALBANÈSE, ch. de Leprieur.
957. *Le Vaudeville de la Pupille*, comédie.
958. DOCHE, *La Belle-au-Bois-dormant*, vaudeville.

959. LULLI, chanson ancienne.
960. ROMAGNÉSI, *Ah! si madame me voyait!* romance.
961. SIMON, air employé dans *L'Exil de Rochester*, vaud.
962. GILLIER, chanson.
963. Air ancien.
964. LAUJON chanson.
965. MOURET, ch. de Saurin.
966 LAUJON, chanson.
967. DALAYRAC, *Koulou*, op. c.
968. BEAUMARCHAIS, air employé dans *Les Rêveries grecques*,
969. DE LA MARRE, *Le Comte Ory*, vaudeville.
970. LEMIÈRE, *Les Rivaux de village*, vaudeville.
971. LABORDE, chanson.
972 DOCHE, *Statue d'Henri IV*, vaudeville.
973. Air ancien, ch. de Pannard.
974. GILLIER, chanson de Gallet.
975. LAUJON, chanson.
976. Air ancien.
977. GAVEAUX, *Le Locataire*, opéra-comique.

Procédés de Tautenstein et Cordel, 92, rue de la Harpe.

www.ingramcontent.com/pod-product-compliance
Ingram Content Group UK Ltd.
Pitfield, Milton Keynes, MK11 3LW, UK
UKHW020828120726
13693UKWH00002B/522